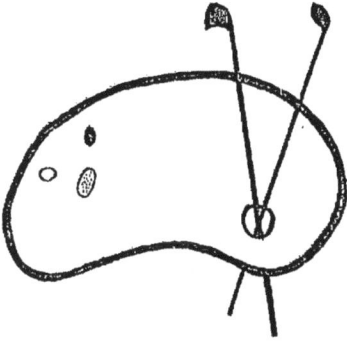

DEBUT D'UNE SERIE DE DOCUMENTS
EN COULEUR

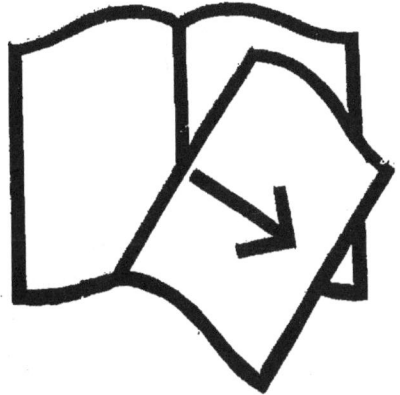

Couverture Inférieure manquante

DROIT ROMAIN

DES RES MANCIPI

DROIT FRANÇAIS

DE LA

SUBROGATION

ET DE LA

RENONCIATION

A L'HYPOTHÈQUE LÉGALE DES FEMMES MARIÉES

THÈSE POUR LE DOCTORAT

Soutenue devant la Faculté de droit de Lyon, le 5 Mai 1892

PAR

VICTOR BOUVARD

AVOCAT

ANNECY

ANCIENNE IMPRIMERIE CH. BURDET

J. NIÉRAT, SUCCESSEUR

RUE ROYALE, 7

1892.

A mon Père

A ma Mère

THÈSE POUR LE DOCTORAT

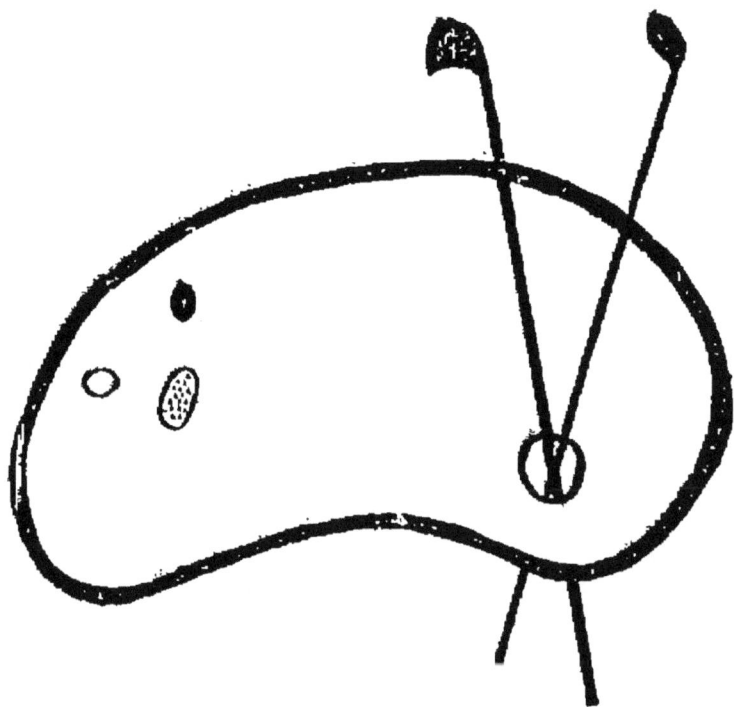

FIN D'UNE SERIE DE DOCUMENTS
EN COULEUR

DROIT ROMAIN

DES RES MANCIPI

DROIT FRANÇAIS

DE LA

SUBROGATION

ET DE LA

RENONCIATION

A L'HYPOTHÈQUE LÉGALE DES FEMMES MARIÉES

THÈSE POUR LE DOCTORAT

Soutenue devant la Faculté de droit de Lyon, le 5 Mai 1892

PAR

VICTOR BOUVARD

AVOCAT

———

ANNECY

ANCIENNE IMPRIMERIE CH. BURDET

J. NIÉRAT, SUCCESSEUR

RUE ROYALE, 7

1892.

JURY DE LA THÈSE

PRÉSIDENT : M. Mabire, *professeur de droit civil.*
SUFFRAGANTS : MM. Caillemer ✿, *Doyen, professeur de droit
civil.*
Appleton, *professeur de droit romain.*
Lescur, *agrégé, chargé du cours d'his-
toire du droit.*

DROIT ROMAIN

─◦◦◇◦◦─

DES RES MANCIPI

Enumération — Epoque de leur Apparition

Origine

──◆*◆──

BIBLIOGRAPHIE

ACCARIAS   *Précis de Droit Romain*, Paris, 1882. 2 vol.
APPLETON   *Histoire de la propriété prétorienne*, Paris, 1880. 2 vol.
BÉRARD   *Les Res Mancipi*, Th. Lyon, 1882.
BONFANTE   *Res Mancipi e nec Mancipi*, Roma, 1888.
COGLIOLO   *Note al Puleletll*, Firenze, 1886.
GIBBON   *The history of the declin of Roman Empire*, London, 1872.
GIRARD   *Textes du Droit romain*, Paris, 1890.
GIRAUD   *Recherches sur le droit de propriété chez les Romains*, Aix, 1838.
GUILLOT   *De la Mancipation*, Th., 1800.
HEINECCIUS   *Antiquités romaines.*
HOMMEL   *Diss. conjecturæ de origine div. rerum in Mancipi et nec Mancipi*, Lipsiæ, 1744.
HUGO   *Histoire du Droit romain*, Trad. par Jourdan, 1825.
VON IHERING *Esprit du Droit romain*, Trad. par Meulemacre, Paris, 1878.
DE LAVELAYE *De la propriété et de ses formes primitives*, Paris, 1882.
LONGO   *La Mancipatio*, Firenze, 1887.

MAYNZ	*Cours de Droit romain*, Bruxelles, 1876. 3 vol.
MICHEL	*Les Res Mancipi et nec Mancipi*, Th., Paris, 1876.
ORTOLAN	*Explication historique des Institutes*, Xme édition, Paris, 1870.
PUCHTA	*Cursus der institutionen*, Leipsig, 1875. 2 vol.
PUFFENDORF	*De rebus Mancipi et nec Mancipi*, 1748.
SUMMER-MAINE	*L'ancien Droit*, Trad. par Courcelles-Seneuil, Paris, 1874.
VOIGT	*Die XII Tafeln*, Leipsig, 1883, — *Jus naturale*, Leipsig, 1875.

AVANT-PROPOS

I. — Dans toute législation les biens se divisent en plusieurs catégories dont l'une, considérée comme plus importante, est l'objet de diverses mesures de protection. C'est ainsi que naquit dans notre ancien droit la division des biens en meubles et immeubles qui, sous l'influence de la féodalité et du droit successoral, finit par englober tous les droits, tandis qu'à Rome elle ne s'appliquait qu'au droit de propriété, lequel se confondait avec l'objet même du droit ; aussi dans la législation romaine cette division n'est pas essentielle.

La principale distinction des biens en droit romain est la distinction en RES MANCIPI et RES NEC MANCIPI.

L'importance pratique de cette distinction est bien connue : elle réside surtout dans les modes d'aliénation. Les *res mancipi* ne pouvaient être aliénées que par les modes du droit civil et en particulier par la mancipation ; c'est au contraire une question fort controversée que le point de savoir si la mancipation appliquée aux *res nec mancipi* produisait quelque effet. La tradition qui transférait la propriété quiritaire des *res nec mancipi* ne transférait pas celle des *res mancipi* : à l'origine elle ne produisait aucun effet ; plus tard elle met ces choses *in bonis*, elle en fait acquérir la propriété bonitaire, suivant une expression moderne.

L'aliénation des *res mancipi* est en outre soumise à certaines restrictions en ce qui concerne les femmes en tutelle : mancipées par une femme en tutelle sans l' « auctoritas » du tuteur, la propriété n'en est pas transférée à l'acquéreur ; simplement livrées sans l' « auctoritas » de ce même tuteur, elles ne peuvent être usucapées.

Mais remarquons que si l'intérêt pratique de la distinction réside dans la différence des modes d'aliénation et dans la capacité requise pour aliéner, cette différence n'est pas comme on l'a dit la cause de la distinction ; cette cause se trouve dans un état de choses fort ancien, antérieur à l'existence même de Rome, et absolument indépendant des modes d'aliénations dont la diversité découle comme une conséquence nécessaire de cet état de choses.

La distinction des biens en *res mancipi* et *res nec mancipi* finit par s'éteindre après une durée de plus de douze siècles ; mais elle avait dès longtemps perdu son intérêt et Justinien qui la supprima ne fit guère que consacrer en droit ce qui existait en fait. Les causes de cette disparition sont bien connues : la principale fut la protection obtenue par la propriété bonitaire : si le « tradens » demeure propriétaire en droit, du moins ne garde-t-il que le « nudum jus quiritium » ; l'acquéreur n'a plus seulement comme au début l'exception « doli » qui n'était opposable qu'au vendeur : il a l'exception « rei venditæ et traditæ », opposable soit au vendeur soit à tous ceux qui tiennent leurs droits de lui. En outre, s'il a perdu la possession, l'acquéreur a l'action publicienne (Publiciana in rem actio) qui produit les mêmes effets que la revendication.

D'autre part la mancipation offrait divers inconvénients : elle opérait d'une façon définitive et irrévocable, n'admettait ni terme ni condition. Ses formalités étaient longues et probablement coûteuses et pouvaient entraver les transactions, les bêtes de somme, les esclaves étant l'objet de ventes journalières et le commerce ayant pris une extension considérable. Pour toutes ces raisons on devait être porté à négliger la mancipation et à se contenter d'une forme plus simple, la tradition.

La mancipation et la tutelle des femmes étant tombées en désuétude, il n'y avait plus en pratique de différence entre les *res mancipi* et les *res nec mancipi*. Elle existait encore en droit : Justinien abolit le « nudum jus quiritium » et en l'année 531 supprima enfin toute différence entre les *res mancipi* et *nec mancipi* (1).

II. — Nous n'avons pas la prétention d'étudier tout ce qui touche de près ou de loin à la matière si controversée des *res mancipi* et *nec mancipi ;* ce serait vouloir exposer dans un court travail la mancipation, — la tradition et tous les autres modes d'aliénation, — la propriété bonitaire et tout ce qui s'y rattache comme l'action publicienne, — la tutelle des femmes et ses origines. Chacune de ces matières fait à elle seule le sujet d'un ouvrage.

Nous nous contenterons d'étudier les *res mancipi* en elles-mêmes, — les diverses hypothèses émises sur l'époque de leur apparition, — les principaux systèmes qui se sont fait jour sur l'origine de cette classe de biens ; après quoi nous indiquerons celui qui nous paraît contenir la plus grande part de vérité et justifier le plus complètement les diverses conséquences pratiques de cette division des biens.

---

(1) L. 1, C. *de nudo jure quiritium tollendo.* VII. 25.

CHAPITRE I

De l'expression « res mancipi »

Sens du mot « mancipium »

Il n'est pas inutile, avant d'entrer dans l'examen direct des *res mancipi*, de dire quelques mots de cette expression même et des différents sens du mot « mancipium ».

I. — Il est établi que le mot « mancipi » est simplement le génitif de « mancipium »; « res mancipi » est mis ici pour « res mancipii ». Ce génitif contracté était seul employé dans le langage ancien; dans les substantifs en *ius, ium*, la terminaison du génitif se faisait simplement en *i*. Dans les autres expressions, l'orthographe changea d'assez bonne heure (1); le double *i* s'introduisit et Varron (637-727) regarde cette orthographe comme seule régulière. A l'époque d'Auguste elle a prévalu et elle est seule admise. Elle ne changea jamais, chose curieuse, dans l'expression *res mancipi* où l'ancienne forme fut toujours conservée par les jurisconsultes.

(1) L'orthographe changea même dans des expressions analogues à celle dont il s'agit ici: « *causa mancipii* » « *lex mancipii* » qui remontent pourtant à une très haute antiquité, puisqu'on trouve dans la loi des XII Tables une disposition relative au *mancipium* dans le sens de « *lex mancipii* »: « cum nexum faciet *mancipiumque* « uti lingua nuncupassit ita jus esto » (L. de 12 T. VI. 1.)

Certains auteurs modernes ont cru devoir substituer l'orthographe « manci*pii* » à « manci*pi* ». Longo, entre autres, tout en reconnaissant que presque tous les textes portent *res mancipi*, croit préférable d'écrire « res man*cipii* » sous prétexte que « mancipi » est le génitif de « mancipium » et que dans tous les autres cas ce génitif est écrit avec un double *i* (1). Ces deux réflexions sont vraies, mais ce n'est pas une raison pour changer une orthographe ancienne constamment conservée par les Romains et qui montre bien par sa physionomie archaïque l'antique origine des *res mancipi*. Une telle innovation est inutile et ne peut produire qu'une regrettable confusion. Tous les Romains écrivent « mancipi. » M. Bonfante constate que dans les institutes de Gaïus on trouve trente-sept fois « res manci*pi* » avec i simple; on trouve aussi deux fois les mots « causa mancipi » et une fois « causa manci*pii* (2). » On trouve une fois les mots « si rem manci*pia* alienent » ; mais on voit de suite la faute du copiste qui au mot « mancipi » a ajouté la première lettre du mot suivant « alienent. »

Le fait que le mot « mancipi » est le génitif de « mancipium » est à peu près universellement admis. Seul Christiansen (3), dont l'opinion est d'ailleurs restée isolée, a prétendu que le mot « mancipi » est l'infinitif passif du verbe « mancipere. » Malheureusement, le verbe « mancipere » n'existe pas en latin : il est un produit de l'imagination de cet auteur. Il existe, il est vrai, un verbe « mancipare » employé par Plaute et par Tacite, mais il ferait à l'infinitif passif « mancipari. » D'ailleurs, à supposer même que le verbe « mancipere » existât, l'expression « res mancipi » n'aurait aucun sens et ne serait guère conforme à la syntaxe latine.

II. — *Res mancipi* est donc synonyme de *res man-*

(1) Longo, *la Mancipatio*. Firenze, 1887, p. 94, note 7.
(2) Bonfante (Pietro), *Res Mancipi e nec Mancipi*. Roma, 1888, p. 21, note 3.
(3) Cité par Bonfante, p. 22.

cipii (1). Mais quel est le sens originaire du mot « mancipium ? »

Hommel et Gibbon (2), dont l'opinion a été admise par Manhayn, Ihering, Puchta, etc., pensent que le *mancipium* c'est le butin fait à la guerre, « id quod manu capitur », soit le butin lui-même, soit la vente qui en est faite solennellement par le peuple et qui donna ensuite son nom à la mancipation, forme légale d'acquisition des *res mancipi*. D'après Lattes (3), *mancipium* veut dire à la fois propriété et butin de guerre, car pour lui, dans le très ancien droit, il n'y avait de propriété que sur les choses enlevées à l'ennemi. Cette opinion n'est point admissible : il est certain qu'on a eu dès l'origine la propriété de choses qui n'étaient pas enlevées à l'ennemi ; d'ailleurs, pour traduire *mancipium* par « id quod manu capitur, » il est inutile d'invoquer l'idée d'un butin de guerre, d'une prise de possession violente, faisant suite à une lutte ; il suffit de se rappeler que la propriété est originairement fondée sur l'occupation et que la main mise sur un objet est le symbole de cette occupation et la plus simple manière de l'opérer (4).

L'opinion générale est que *mancipium* veut dire propriété. Les mots *res mancipi* signifieraient donc choses de propriété.

M. Bonfante rejette cette opinion : car, dit-il, comment

(1) Le mot « mancipium » étant pris dans le sens de propriété, l'expression *res mancipi* est conforme aux règles grammaticales des Latins. On trouve des génitifs analogues « Sui mancipii esse. » (Cic. Ep. ad Brut. 1, 16, 4.) — Quamvis non sint nostri Dominii. » (L. 181. D. L, 16.)

(2) Hommel. *Diss. conjecturae de orig. dir. rerum in m. et nec m.* Lispiae. 1744. — Gibbon. *The history of the declin of Roman Empire.* — London 1872, p. 301, cités par Bonfante, p. 25.

(3) *Rendiconti ist.* Lombardo, 1868, cité par Bonf. p. 25.

(4) Cette opinion invoque à tort l'autorité de Gaius (IV, 6 in fine). — « Maxime enim sua esse credebant quae ab hostibus cepicent. » — Gaius ne dit pas: « *Tantum* sua esse credebant, etc... » — Mais: « *Maxime* sua esse, etc... » ce qui est tout différent.

peut-on croire qu'à une époque quelconque les *res mancipi* aient seules fait l'objet de la propriété ? La raison ne nous paraît pas bonne. On peut très bien traduire *res mancipi* par choses de propriété, sans admettre pour cela que les *res mancipi* fussent seules à l'origine susceptibles de propriété. Nou saurons à revenir sur ce point.

Le même auteur dit que « mancipi » est un génitif dont le nominatif était bien « mancipium », mais « mancipium » pris dans un sens dont il ne reste de trace que dans dans cette forme du génitif et dans cette seule expression *res mancipi*, lequel sens disparut peu à peu, à mesure que disparaissait l'institution qu'il représentait (1). Or, ce sens spécial et originaire serait la propriété et plus spécialement le patrimoine reçu en héritage des ancêtres. Rien ne corrobore cette opinion, ni la haute antiquité de l'expression *res mancipi* demeurée immuable dans sa forme, ni le fait que les autres locutions où se trouve le mot « mancipium » ont changé d'orthographe (2), ni les divers textes invoqués par l'auteur.

Le premier de ces textes est de Tacite : « An, ut qui-« dam fingere non erubescunt, injurias suas ultus est in-« terfector ? Quia de paternâ pecuniâ transegerat, aut « *avitum mancipium* detrahebatur ? » (3). Bonfante dit qu'il ne faut pas s'étonner de voir Tacite employer « mancipium » dans un sens antique, parce qu'il était porté par son caractère et son style à se complaire dans les idées et les souvenirs anciens, et il traduit « avitum mancipium » par « patrimoine familial venant des ancêtres. » Nous ne nierons pas l'exactitude de la traduction ; mais il faut bien

(1) Bonfante, *Res Mancipi e nec Mancipi*, p. 80 et s., p. 02, 1 et note 3.

(2) Cela prouve simplement que lorsque la nouvelle orthographe s'est affirmée, c'est-dire vers le 7me siècle v. c., l'expression *res mancipi* existait depuis longtemps avec un sens bien net, comme désignant une institution déterminée, mais non pas que le mot « mancipium » avait le sens que lui donne l'auteur cité.

(3) Tacite, *Annales*, XIV, 43.

remarquer que dans ce passage de Tacite « mancipium » n'aurait aucun sens spécial s'il n'était pas accompagné du mot « avitum. » « Mancipium » veut dire simplement propriété : aussi l'historien a-t-il été obligé d'ajouter le qualificatif « avitum » pour lui donner le sens de « propriété héréditaire. » Loin de prouver en faveur de l'opinion que nous combattons, ce texte se retourne donc contre elle.

Le second texte invoqué est un passage de Pline : « Sequitur heredem, in *mancipatum* venit ut prædium « aliquod (1). » On traduit en général le mot « mancipatum » par mancipation. Mais Bonghi lui donne le sens de choses propres à l'héritier, patrimoine héréditaire. Bonfante trouve que c'est là le sens le plus raisonnable de « mancipatus » et regrette qu'on l'ait traduit par mancipation : nous le comprenons, car cet auteur a besoin de se débarrasser de ce texte pour soutenir que les *res nec mancipi* ne sont pas susceptibles de mancipation ; et sa traduction, un peu fantaisiste, le sert merveilleusement dans ce but.

En résumé, la signification originaire du mot « mancipium » est propriété ; mais il est loin d'être prouvé que ce mot dans l'expression *res mancipi* veuille dire propriété héréditaire, et que par suite il faille traduire *res mancipi* par choses qui constituent le patrimoine hérité des ancêtres (2).

Plus tard, cette signification originaire et la plupart de

(1) Pline, *Hist. Nat.*, IX., 35, 124.

(2) Nous ne nions pas les rapports qu'ont les *res mancipi* avec la famille ; mais ces rapports viennent de ce qu'elles ont été, à un moment donné, le patrimoine commun, la copropriété de la famille et non pas le seul patrimoine héréditaire.

Quant aux autres sens du mot « mancipium » ils ne nous intéressent pas directement ; nous les signalons cependant.

Ce mot indique la puissance, le droit en général, comme dans les expressions « sui mancipii esse » être sous sa propre puissance, c'est-à-dire libre, ou « mancipium » dans le sens de *manus*, puissance du mari sur sa femme.

« Mancipium » indique aussi un acte juridique d'origine obscure, forme solennelle d'aliénation (Bonfante, p. 65, n. 2.) A l'époque

celles qui l'ont suivie tombent en désuétude, et « mancipium » n'est plus guère employé à l'époque classique que pour désigner ce pouvoir étrange que l'on peut avoir sur une personne libre, mélange de la puissance paternelle et du droit de propriété que l'on a sur les esclaves.

CHAPITRE II

Enumération des Res Mancipi

§ 1. — EXAMEN DE SES DIFFÉRENTS TERMES

C'est une vérité banale qu'on ne peut, pour déterminer quelles sont les *res mancipi*, procéder *a priori* d'après un principe quelconque ni en donner une définition générale. Les jurisconsultes romains ne nous ont laissé aucune trace de l'idée première qui a servi de fondement à cette distinction, et d'autre part cette classe de biens comprend un

---

classique cette signification a disparu, sauf dans les expressions « mancipio dare, mancipio accipere. »

« Mancipium » désigne souvent le pouvoir tout spécial acquis sur une personne libre par celui auquel l'a mancipée celui qui avait sur elle la puissance paternelle ou la *manus*. Ce pouvoir est analogue à la puissance paternelle et tient aussi du pouvoir du maître sur l'esclave.

Par ce mot enfin on désigne l'esclave lui-même considéré économiquement comme objet de propriété.

Suivant ces diverses significations le sens change aussi pour les expressions « mancipio dare, accipere » qui veulent dire tantôt transférer, acquérir la propriété, tantôt aliéner, acquérir par mancipation, tantôt donner ou recevoir sur une personne libre le pouvoir spécial appelé « mancipium. »

certain nombre d'objets disparates qu'aucun lien logique ne semble rattacher entre eux. Force nous est donc de procéder comme les Romains eux-mêmes, par énumération.

Nous reproduisons les divers textes qui énumèrent les res mancipi.

— *Ulpien*, XIX, 1. — « Omnes res aut mancipi sunt aut « nec mancipi. Mancipi sunt prædia in italico solo tam « rustica, qualis est fundus, quam urbana, qualis domus ; « item jura prædiorum rusticorum, velut via, iter, actus, « aquæductus; item servi et quadrupedes quæ dorso col- « love domantur, velut boves, muli, equi, asini. Ceteræ « res nec mancipi sunt. Elephanti et cameli quamvis dorso « collove domentur nec mancipi sunt, quoniam bestiarum « numero sunt. »

— *Gaius*, I, 120. — « Eo modo et serviles et liberæ « personæ mancipantur; animalia quoque, quæ mancipi « sunt quo in numero habentur boves, equi, muli, asini ; « item, prædia tam urbana quam rustica quæ et ipsa « mancipi sunt, qualia sunt italica, eodem modo solent « mancipari. »

— *Gaius*, II, 15. — « ..... (1) statim ut nata sunt « mancipi esse putant; Nerva vero, Proculus et ceteri « diversæ scholæ auctores non aliter ea mancipi esse pu- « tant quam si domita sunt et, si propter nimiam feritatem « domari non possunt, tum videri mancipi esse (cum ad « eam ætatem pervenerint, cujus ætatis domari solent.)

— *Ibid.*, 16. - « Item feræ bestiæ nec mancipi sunt « velut ursi, leones, item et animalia quæ ferarum nu-

---

(1) Le début du § 15 est illisible dans le manuscrit de Gaius; néanmoins on voit clairement la controverse dont il s'agit. Quant au § 14 il est en grande partie détruit; voici ce qui en reste d'après Studemund (p. 57) :

« .... *nec mancipi mancipi s........ . s........ item ædes* « *in italico solo.......... cca..... ns.............. s prædiorum* « *urbanorum nec mancipi... .. item stipendiaria prædia et tributaria* « *nec mancipi sunt, sed quod diximus.... .. ...os ....* « *mancipi . . n.....:.... ....* »

« mero sunt, velut elephantes et cameli. Et ideo ad
« rem non pertinet quod hæc animalia etiam collo dorsove
« domari solent, nam ne nomen quidem eorum anima-
« lium eo tempore notum fuit quo constituebatur quas-
« dam res mancipi esse quasdam nec mancipi. »

— *Ibid.*, 17. — « Item fere omnia quæ incorporalia
« sunt nec mancipi sunt, exceptis servitutibus prædiorum
« rusticorum : nam hæc quidem mancipi res sunt quamvis
« sint ex numero rerum incorporalium. »

Ainsi, d'après le texte d'Ulpien, corroboré par les textes
de Gaius, sont *res mancipi :*

1° Les immeubles soit ruraux, soit urbains, situés sur
le sol italique ;

2° Les servitudes des immeubles ruraux également situés en Italie ;

3° Les esclaves ;

4° Les bêtes de somme ou de trait (animalia quæ dorso
collove domantur). Ulpien cite à titre d'exemple les chevaux, les mulets, les ânes, les bœufs.

Telles sont les *res mancipi ;* les auteurs romains n'en
citent pas d'autres. Nous aurons à examiner si cette énumération est complète et limitative ; mais il est utile auparavant de passer rapidement en revue ses différents termes, afin d'avoir une idée nette des *res mancipi.*

I. — *Immeubles italiques.* — La partie septentrionale
du sol italique ne s'étendait, sous la domination romaine,
que jusqu'au cours de l'Arno ; la partie de l'Italie moderne,
située au nord de ce fleuve, formait une province appelée
la Gaule cisalpine, dont le sol, comme celui de toutes les
autres provinces, ne participait pas au « jus italicum »,
n'était pas susceptible de propriété quiritaire.

Les fonds italiques seuls rentrent dans la classe des *res
mancipi*, les fonds provinciaux n'en font pas partie. Cela
ne doit pas nous étonner, car à plus d'un point de vue la
situation des fonds provinciaux est inférieure à celle des
fonds italiques.

Tout le territoire romain s'était, on le sait, formé par la

conquête ; tout territoire conquis appartenait à l'Etat et formait l' « Ager publicus, » distinct de l' « Ager romanus, » seul susceptible de domaine privé. L'Etat faisait, il est vrai, des concessions : il abandonnait tout ou partie des terrains conquis soit aux vaincus eux-mêmes, soit aux citoyens : mais, sur ce fonds concédé, il gardait un droit supérieur, le « dominium » ; le concessionnaire n'en avait que la jouissance.

Après la guerre sociale, quand tous les Italiens eurent obtenu le droit de cité, le territoire italique tout entier fut assimilé à l' « Ager romanus » et devint susceptible de propriété quiritaire, l'Etat se dépouillant en faveur des particuliers du « dominium » qu'il avait conservé jusqu'alors.

Mais, en ce qui concerne le territoire des provinces, Rome en conserva toujours la propriété quiritaire, le domaine supérieur. C'est pourquoi ces fonds n'étaient pas susceptibles de pleine propriété, c'est pourquoi on ne pouvait les usucaper ni les acquérir par les modes du droit civil, c'est pourquoi on pouvait exproprier leurs possesseurs, c'est pourquoi enfin ils payaient seuls l'impôt à l'exclusion des fonds italiques (1). Sous l'empire, il est vrai, la différence diminua peu à peu : sous Dioclétien, l'Italie fut soumise à l'impôt foncier, le droit des particuliers sur les fonds des provinces fut assimilé au « dominium » ; ils jouissaient d'une prescription analogue à l'usucapion quoique plus longue ; la distinction n'existait plus qu'en théorie quand Justinien la supprima.

Quoi qu'il en soit, cette assimilation n'était pas faite lorsque la division en *res mancipi* et *nec mancipi* était encore en vigueur. Il est naturel par suite que des fonds incapables de propriété quiritaire, incapables d'être man-

(1) Les Romains se faisaient une fausse conception du droit pour l'Etat de percevoir l'impôt : ils regardaient l'impôt comme récognitif du droit supérieur de l'Etat ; il était naturel dès lors que les fonds provinciaux sur lesquels seuls l'Etat avait un droit supérieur y fussent seuls astreints.

cipés, ne fissent pas partie des *res mancipi* dont le caractère
principal, au moment où se constituaient les fonds provinciaux, était de ne pouvoir s'aliéner que par mancipation
ou autres modes du droit civil.

Mais on pourrait se demander comment il se fait que
tous les immeubles italiques soient *res mancipi* : cette distinction, en effet, est fort ancienne, elle est sûrement antérieure à la loi des douze Tables (1), et si à l'époque ou elle
se forma le sol de l'État romain n'était encore que fort peu
de chose, pourquoi tout le sol italique a-t-il été par la suite
classé dans les *res mancipi*, alors qu'au contraire les autres
éléments de cette catégorie restaient fixes et n'admettaient
aucune augmentation? Ce résultat s'explique facilement :
à l'origine tous les immeubles sans exception étaient *res
mancipi* : puis ce principe fut maintenu quand eut disparu
l'idée qui avait fait de certaines choses une classe à part, et
à mesure que s'étendit le territoire de Rome les terres
conquises auxquelles fut conféré le « jus italicum (2) »
entrèrent naturellement dans la classe des *res mancipi*,
tout immeuble étant en principe *res mancipi*. Mais ce
phénomène s'arrêta en même temps que s'arrêtaient les
limites du sol italique, et cela grâce à ce fait déjà constaté
que jamais, tant que vécut la distinction des biens en *res
mancipi* et *nec mancipi*, le territoire des provinces ne fut
susceptible de dominium.

II. — *Servitudes rurales.* - Après les immeubles italiques, soit urbains, soit ruraux, Ulpien cite les servitudes
des immeubles ruraux « jura prædiorum rusticorum. »

Ces servitudes sont énumérées par un autre texte du
même auteur rapporté au Digeste (3) : « Servitutes præ-
« diorum rusticorum sunt hæ : iter, actus, via, aquæduc-

(1) Gaius, II, 47.
(2) Le « jus italicum » fut conféré d'abord au Latium, après la
guerre soulevée par ce pays et qui se termina par sa défaite en 416.
Il fut conféré ensuite à l'Italie entière, soumise après la guerre
sociale, en 664.
(3) L. 1, pr. et § 1. D. VIII, 3.

« tus. » Après avoir défini ces diverses servitudes, il ajoute : « In rusticis computanda sunt aquæhaustus, pe- « coris ad aquam adpulsus, jus pascendi, calcis coquendæ, « arenæ fodiendæ. » A cette énumération, il faut ajouter encore le « jus cretæ eximendæ » cité ailleurs par Ul- pien (1), et le « jus lapidis eximendi » cité par Paul (2). Cette liste du reste n'est pas limitative, car Neratius en cite encore d'autres (3).

Les servitudes rurales étant seules *res mancipi*, on com- prend l'importance de cette question : quelles sont les ser- vitudes rurales, quelles sont les servitudes urbaines ? Divers systèmes se sont fait jour sur ce point.

Les uns veulent que l'on examine le caractère de la servitude et que l'on se demande si elle peut se concevoir sans avoir l'idée d'un terrain bâti, auquel cas elle est ru- rale, — ou si l'on ne peut pas la concevoir sans évoquer l'idée de construction, auquel cas elle est urbaine. Outre que ce système laisse un champ largement ouvert à l'ar- bitraire, il a le défaut de ne reposer que sur un texte de Paul ainsi conçu : « Servitutes prædiorum *aliæ in solo, aliæ in superficie* consistunt (4), » ce qui peut se traduire : les servitudes des fonds (servitudes prédiales) sont assises les unes sur le sol, les autres sur les constructions. Cette phrase est vraiment trop vague, trop peu claire pour servir de base à l'opinion que nous repoussons.

D'autres prétendent que les servitudes sont urbaines ou rurales suivant qu'elles sont continues ou discontinues. Cela peut être vrai très souvent ; ce sera même générale- ment exact, mais ce ne le sera pas toujours : ainsi la servi- tude « aquæductus » sera souvent continue ; Ulpien la cite néanmoins comme rurale (5) ; elle sera souvent aussi discontinue, ce qui n'empêche pas qu'elle peut être ur-

(1) L 5, § 1. D. viii, 3.
(2) L. 6, § 1. Ibid.
(3) L. 2. Ibid.
(4) L. 3. D. *de Serv.* viii, 1.
(5) L. 1, D. viii, 3.

baine (1). Il ressort aussi d'un autre texte d'Ulpien que les servitudes « via, iter, actus, » qui sont discontinues, peuvent cependant être urbaines (2). Impossible par conséquent de rien fonder sur un pareil criterium.

Nous croyons bien plutôt qu'il faut examiner dans chaque cas particulier à quel fonds appartient la servitude : le fonds dominant est-il urbain ? ce sera une servitude urbaine ; est-il rural ? ce sera une servitude rurale. Cette théorie manque peut être de bases rationnelles, il peut paraître choquant que la même servitude soit tantôt urbaine, tantôt rurale : il ne paraît pas douteux cependant que telle ait été l'idée romaine (3). Les Romains, en effet, en parlant des servitudes, ne disent pas « servitutes rusticæ, servitutes « urbanæ »; ils emploient toujours cette expression bien caractéristique : « jura prædiorum rusticorum, — jura « prædiorum urbanorum (4). » Nous avons vu en outre que les mêmes servitudes sont citées par les jurisconsultes romains tantôt comme rurales, tantôt comme urbaines, ce qui ne serait pas possible avec le premier système et serait souvent en contradiction avec le second.

Mais d'où vient que les servitudes rurales font seules partie, à l'exclusion des servitudes urbaines, de la classe des *res mancipi?* On en peut donner deux raisons :

La première tient à la très haute antiquité de la distinction. A l'époque où elle prit naissance, les immeubles bâtis n'avaient pas pris le développement qu'ils atteignirent plus tard ; les maisons, qui succédaient à peine à la

(1) L. 11, § 1, D. vi, 2.
(2) L. 1, § 1, xliii, 19.
(3) C'est aussi le criterium admis par le Code civil, art. 687 : « Les servitudes sont établies ou *pour l'usage des bâtiments*, ou pour « celui *des fonds de terre*. Celles de la première espèce s'appellent « *urbaines*............ Celles de la seconde espèce se nomment « *rurales* »
(4) L. 1 pr. et § 1, D. viii, 3. — Pr. et § 1, Inst. ii, 3. — L. 2, D. viii, 2, et intitulé de ce titre. — L. 1 et 2, D. viii, 3, et intitulé de ce titre. — L. 13, D. viii, 1. — etc..... etc.....

lente, n'étaient que des huttes, des chaumières sans valeur : les servitudes urbaines étaient donc rares et de minime importance. La seconde raison vient de ce que les immeubles bâtis ne se touchaient pas; les maisons n'avaient point de murs communs, elles étaient toutes séparées et éloignées les unes des autres : cette circonstance rendait impossible des servitudes telles que le « jus tigni immit- « tendi, jus oneris ferendi » ; elle rendait fort rares des servitudes telles que le « jus stillicidii vel fluminis reci- « piendi », le « jus altius non tollendi » ou la servitude de vue « jus prospiciendi. »

Certains auteurs ajoutent un troisième motif tiré de l'origine même qu'ils donnent à la distinction des biens en *res mancipi* et *nec mancipi*. Nous verrons en effet que l'une des nombreuses opinions qui se sont formées sur ce point voit dans les *res mancipi* les objets les plus utiles, les plus précieux pour un peuple agriculteur. Rien d'étonnant pour ceux qui admettent ce système à ce que les servitudes urbaines, inutiles au point de vue de l'agriculture, aient été reléguées dans la classe des *res nec mancipi* pour lesquelles les Romains professaient, au moins à l'origine, un certain dédain. L'inutilité des servitudes urbaines au point de vue de l'agriculture n'est pas aussi complète qu'on veut bien le dire : il serait facile de citer des servitudes qui, tout en étant urbaines, seraient fort utiles à une exploitation agricole, comme les servitudes « via, iter, actus. » D'ailleurs cette troisième raison, dont nous contesterons plus loin le principe, se rattache à ce que nous avons déjà dit du peu de valeur et de la rareté à l'origine des servitudes urbaines.

Il nous reste, pour en finir avec les servitudes, à éclaircir une difficulté qu'on n'a pu soulever que par une mauvaise interprétation des textes.

Ulpien, dans son énumération, ne cite que quatre servitudes rurales : « Mancipi res sunt..... jura prædiorum rus- « ticorum velut via, iter, actus, aquæductus (1). » On s'est

(1) Ulpien, XIX, 1.

demandé si ces quatre servitudes étaient seules *res man-*
cipi ou si toutes les servitudes rurales l'étaient sans
exception. Cette dernière opinion nous paraît seule soute-
nable.

D'abord, à lire le texte d'Ulpien, il ne vient pas à l'esprit qu'il veuille limiter le caractère des *res mancipi* aux
quatre servitudes qu'il cite : il dit en effet « jura prædio-
« rum rusticorum *velut* via, etc... » Le mot *velut* employé
par lui indique assez que ce n'est qu'à titre d'exemple qu'il
cite certaines servitudes et que l'énumération qu'il en
donne n'est pas limitative.

M. Bonfante, qui cite cette opinion d'après Schveppe (1),
ne veut pas admettre la valeur du mot « velut » parce que
ce mot est placé également par Ulpien devant l'énumera-
tion des animaux *res mancipi*, laquelle est limitative;
mais cela n'enlève rien à la valeur du mot « velut » car
s'il est vrai que l'énumération des animaux contient en
réalité tous les animaux *mancipi*, c'est une simple circonstance de fait qui n'empêche pas que la liste n'en soit
donnée sous forme d'exemple. Si certaines autres bêtes de
somme (chameaux, éléphants) ont été omises par Ulpien,
c'est intentionnellement, parce que ces animaux, pour diverses raisons, n'étaient pas *res mancipi* : et la raison en
est, Gaius le dit, qu'ils étaient inconnus à l'époque où se
forma cette classe de biens ; il faudrait donc prétendre que
les servitudes qu'Ulpien passe sous silence étaient incon-
nues des premiers Romains, et c'est ce qui n'est pas
prouvé.

Au texte si clair d'Ulpien, viennent s'en ajouter deux
autres où Gaius cite les servitudes rurales comme *res*
mancipi sans distinction : « Item fere omnia quæ incorpo-
« ralia sunt nec mancipi sunt, exceptis *servitutibus præ-*
« *diorum rusticorum*, nam eas mancipi esse constat (2). »
— « Sed jura prædiorum urbanorum in jure cedi tantum

(1) Bonfante, *Res mancipi e nec m.*, p. 104.
(2) Gaius, ii, 17.

« possunt *rusticorum* vero *mancipari possunt* (1). » — La généralité de ces deux textes ne semble pas permettre l'hésitation. D'après Bonfante, cependant, on pourrait supposer que, dans les passages cités, Gaius veut faire allusion à celles seulement des servitudes rurales qui sont *res mancipi*. Mais, si l'on se reporte aux textes, on verra que rien dans ce qui précède ne permet de prêter à l'auteur romain une telle intention.

Cela est si vrai que M. Bonfante lui-même, gêné par la généralité des termes de Gaius, cherche à les expliquer autrement. Il trouve étrange que la classe des *res mancipi* close et pour ainsi dire frappée de stérilité à l'égard des autres choses, ait pu recevoir une certaine extension à l'égard des servitudes, car pour lui il n'y avait à l'origine que quatre servitudes rurales « via, iter, actus, aquædu- « clus; » les autres n'ont donc pas pu devenir *res mancipi*, la liste de ces choses étant close, et voici comment il explique la généralité des termes employés par Gaius : « Sur « l'idée fondamentale et sur l'énumération des servitudes « *prædiorum rusticorum*, il y eut toujours une grande in- « certitude dans la jurisprudence romaine. Etaient univer- « sellement reconnues comme servitudes rurales les quatre « plus anciennes : *via, iter, actus, aqueductus;* mais quel- « ques-uns (probablement les Sabiniens) restreignaient le « compte des vraies servitudes rurales à celles-là seules, « d'autres (probablement les Proculiens) reconnaissaient « encore d'autres servitudes, les uns plus, les autres « moins.

« Ulpien, suivant en cela l'opinion des Proculiens et « spécialement de Nératius, en reconnaissait un plus « grand nombre, et pourtant, dans la liste des *res mancipi*, « il est obligé de limiter le caractère de *res mancipi* aux « quatre servitudes universellement reconnues. Gaius, au « contraire, qui suivait l'opinion des Sabiniens, n'avait au- « cun besoin de faire cette limitation (2). »

(1) Gaius, II, 29.
(2) Bonfante, p. 105.

Les servitudes rurales n'étant *res mancipi* qu'en qualité d'accessoires du sol, il est à peine utile de faire remarquer que les servitudes des fonds italiques sont seules *res mancipi*.

III. — *Esclaves.* — *Bêtes de sommes et de trait.* —Aucune controverse n'est soulevée à propos des esclaves; tous sans distinction font partie des *res mancipi*, quel que soit le mode par lequel ils sont devenus esclaves, quels que soient les travaux auxquels ils sont employés.

En ce qui concerne les animaux désignés par Ulpien sous le nom de « quadrupedes quæ dono collove domantur » (bêtes de somme et de trait) quelques difficultés, d'ailleurs sans grande importance, s'étaient élevées et avaient été résolues déjà par les jurisconsultes romains eux-mêmes.

On se demandait en premier lieu si les animaux dont il s'agit étaient *res mancipi* dès leur naissance ou bien s'ils ne l'étaient qu'une fois domptés et dressés au travail. On voit, si on adoptait cette dernière idée, l'intérêt de la solution : la facilité apportée dans les aliénations et le commerce des jeunes animaux. Les Sabiniens, et parmi eux Gaius (1) qui rapporte cette controverse, pensaient que ces animaux étaient *res mancipi* dès leur naissance. Les Proculiens étaient de l'avis contraire et ajoutaient que ceux de ces animaux qu'on ne pouvait dompter à cause de leurs instincts sauvages (propter nimiam feritatem) étaient néanmoins *res mancipi* à partir de l'âge auquel leurs congénères sont d'ordinaire domptés.

Une autre difficulté s'était élevée, plus intéressante pour nous, parce qu'elle montre à quel point les Romains regardaient leur liste des *res mancipi* comme limitative et rigoureusement déterminée. Au temps où écrivaient Gaius et Ulpien, les chevaux, les mulets, les ânes et les bœufs n'étaient pas les seules bêtes de somme en usage; on employait aussi les chameaux et les éléphants, sinon en Italie,

(1) Gaius, ii. 15.

du moins dans certaines provinces (1). Néanmoins Gaius et Ulpien s'accordent à dire qu'ils ne sont pas *res mancipi ;* mais ils en donnent des raisons différentes. D'après Ulpien, c'est parce que les éléphants et les chameaux, bien qu'ils soient domestiqués, font toujours partie des bêtes sauvages : « Elephanti et cameli quamvis dorso collove « domentur nec mancipi sunt, *quoniam bestiarum numero* « *sunt* (2). » Cette raison n'est pas suffisante pour les éléphants ; elle est fausse pour les chameaux. Gaius a été mieux inspiré en regardant à l'origine de la distinction : « Et ideo ad rem non pertinet quod hæc animalia etiam « dorso collove domari solent ; nam *ne nomen quidem* « *eorum animalium illo tempore notum fuit quo consti-* « *tuebatur quasdam res mancipi esse, quasdam nec man-* « *cipi* (3). » Pour lui, et c'est là la véritable raison, si les éléphants et les chameaux ne sont pas *res mancipi,* c'est que la classe des *res mancipi* fut constituée à une époque reculée où les Romains ne connaissaient pas même le nom de ces animaux.

Ajoutons enfin que les Romains ne faisaient aucune distinction en ce qui concerne les chevaux : tous étaient *res mancipi,* qu'ils fussent employés au service agricole ou simplement au transport des personnes.

§ 2. — L'ÉNUMÉRATION EST-ELLE LIMITATIVE ?

Ulpien, après avoir donné des *res mancipi* l'énumération dont nous venons d'étudier les différents termes, ajoute : « Cetere res nec mancipi sunt », les autres choses sont *nec mancipi.* Il semble après cela qu'aucun doute ne pouvait s'élever sur la valeur limitative de l'énumération. C'est le contraire cependant qui s'est produit.

---

(1) Il faut remarquer que les animaux « que collo dorsove do-« mantur » sont *res mancipi* aussi bien sur le sol provincial que sur le sol italique.

(2) Ulp., XIX, 1.

(3) Gaius, II, 16.

Pour commencer par les anciens commentateurs, Isidore de Séville place dans la classe des res *mancipi* tout ce qui peut être pris avec la main : « mancipium est quidquid manu capi subdique potest. » Suivant cette vague conception des res *mancipi,* d'autres auteurs allèrent, paraît-il, jusqu'à faire rentrer dans cette catégorie toutes les choses corporelles ou même toutes les choses mobilières (1). Ces opinions n'ont aucune base sérieuse ; mais il en est d'autres moins exagérées, fondées sur certains textes tirés les uns des auteurs juridiques, les autres d'ouvrages historiques ou littéraires.

C'est d'abord un texte de Gaius « mancipi res sunt quae « per mancipationem ad alium transferuntur unde etiam « mancipi res sunt dictæ (2).

C'est ensuite un texte d'Ulpien : « Mancipatio propria « species alienationis est rerum mancipi (3). »

Ainsi Gaius nous dit que les res *mancipi* sont celles qui s'aliénent par mancipation ; Ulpien ajoute que la mancipation est le mode d'aliénation propre aux res *mancipi.* La conclusion est simple, disent les partisans de l'interprétation extensive : les res *mancipi* sont celles que l'on mancipe ; or, il y a des choses que l'on mancipe et qui ne sont pas comprises dans l'énumération d'Ulpien : les statues, d'après Tacite ; les perles, d'après Pline ; donc l'énumération n'est pas limitative. Ce système peut mener loin, et certains auteurs, poussant jusqu'au bout ses conséquences, disent que le patrimoine, que les fils de famille, les femmes, sont res *mancipi* ou *personæ mancipi,* parce qu'ils peuvent être mancipés.

Avant de discuter ces diverses conséquences que l'on tire des textes cités de Gaius et d'Ulpien, il est bon de voir quelle est la valeur intrinsèque de ces textes ; cette valeur est considérablement diminuée par la place même

(1) Bonfante, p. 27.
(2) Gaius, II, 22.
(3) Ulpien, XIX, 3.

où ils se trouvent. Gaius, lorsqu'il dit « mancipi res sunt « quæ per mancipationem ad alium transferuntur, » n'a pas du tout en disant cela l'intention de déterminer quelles sont les *res mancipi*, de donner un criterium pour les distinguer : il l'a fait déjà, il les a énumérées, et, arrivé aux différences pratiques, il dit simplement : les *res nec mancipi* s'aliènent par simple tradition ; mais pour les *res mancipi* cela ne suffit pas, il faut la mancipation. La même réflexion peut s'appliquer au texte d'Ulpien.

Cela dit, pour montrer qu'il ne faut pas donner aux textes invoqués une portée qu'ils n'ont pas, nous allons examiner les diverses additions que l'on propose de faire à la classe des *res mancipi* (1).

Les personnes libres d'abord. Il est certain qu'un « paterfamilias » peut manciper les personnes libres qu'il a en sa puissance, ses enfants, sa femme « in manu, » et concéder ainsi à un tiers le droit particulier appelé « mancipium. » En résulte-t-il que les personnes libres ainsi susceptibles de mancipation soient *res mancipi* ? Plusieurs auteurs le soutiennent : Longo dit que les hommes libres peuvent plutôt être assimilés aux *res mancipi* ; Hugo et Puchta ajoutent aux *res mancipi* les personnes libres « in potestate, » « in manu » ou « in mancipio » ; — Huschke et Plange introduisent la classe des *personæ mancipi* (2).

Constatons en premier lieu que cette expression n'existe dans aucun texte ; elle est une invention, d'ailleurs peu heureuse, de Huschke et de Plange. Nul texte non plus ne dit qu'un fils de famille, qu'une femme « in manu, » qu'une personne « in mancipio » soient *res mancipi*. D'ailleurs pour être *res mancipi*, il faut avant tout être une « *res ;* » « prius est esse quam esse tale. » Or les fils de famille,

---

(1) Citons par curiosité l'opinion de Huschke, qui ajoute un cinquième animal : le « bovigus, » dont les fonctions auraient consisté à stimuler les bœufs avec les dents et diriger la charrue avec la queue!! M. Bonfante regrette que cet utile animal ne vive plus que dans l'imagination féconde de l'auteur cité. (V. Bonfante, p. 40.)

(2) Cités par Bonfante, p. 106.

les femmes « in manu » ne sont pas des *res* susceptibles
de propriété, mais des personnes, au moment de la mancipation dont ils sont l'objet ; bien plus, ils conservent ce
caractère après la mancipation, alors qu'ils sont « in mancipio. » Ils ne sont pas des esclaves, c'est-à-dire des
choses, pour celui qui a sur eux le « mancipium » ; ils
sont, il est vrai, semblables en plus d'un point à des
esclaves ; mais enfin ils ne sont pas esclaves, et une fois
sortis « du mancipium » ils ne seront pas des affranchis,
mais bien des ingénus ; si donc après la mancipation ils
ne deviennent pas *res mancipi*, à plus forte raison ne le
sont-ils pas avant.

De même pour la femme soumise à la « coemptio » il
n'est pas possible de soutenir qu'elle fût *res mancipi* ; elle
tombait sous la « manus » de son mari, elle ne devenait
pas partie du patrimoine. La mancipation était employée
là, comme dans plusieurs autres cas, comme simple
formalité détournée de son sens primitif, de son but
originaire, qui est de transférer la propriété. Appliquée à
des objets en dehors du commerce elle n'a plus le pouvoir
de transférer la propriété et ne peut avoir aucune influence
sur la classification des *res mancipi* qui ne comprend que
des objets dans le commerce.

Disons un mot du patrimoine que l'on veut classer parmi
les *res mancipi*, sous prétexte qu'on le mancipe dans
certains cas.

On ne peut évidemment rien tirer de la mancipation
d'un patrimoine par le testateur en faveur de l'extention
des *res mancipi* ; la mancipation est dans ce cas détournée
de son but normal, elle est employée comme forme de
testament, comme une simplification du testament primitif ;
elle remplace le testament « calatis comiciis. » Cette
mancipation même s'éloigne de la forme primitive : elle est
éventuelle, alors que la véritable mancipation ne comporte ni
terme ni condition. Elle contient une altération dans la
formule : c'est la déclaration du testateur qui est ici le
principal, la mancipation n'est employée que comme for-

malité. Bientôt, même, la « nuncupatio » est remplacée par
les « tabulae testamenti, « l' « accipiens » lui-même devient
un simple témoin. On objecte que le patrimoine peut bien
être *res mancipi*, puisqu'il contient l'universalité des *res
nec mancipi ;* on verrait donc alors des *res nec mancipi*
monter au rang de *res mancipi* parce qu'elles se trouvent
aliénées en bloc avec les choses faisant partie de cette
dernière catégorie ! Ce n'est pas admissible.

Donc aucun argument à tirer de la mancipation des
femmes libres, du patrimoine. Le système de l'extension
des *res mancipi* est déjà ébranlé en un point : tout ce qui
se mancipe, nous dit-on, est *mancipi*; or nous venons de
voir qu'on mancipe les personnes libres, qu'on mancipe le
patrimoine, et que cependant ni les uns, ni les autres, ne
sont *res mancipi*.

Mais il existe d'autres textes où l'on voit manciper,
cette fois d'une façon sérieuse, des choses qui ne sont
cependant pas comprises dans la liste des *res mancipi*
donnée par Ulpien. Ces textes que nous allons étudier
n'appartiennent ni l'un ni l'autre à des auteurs juridiques.

Le premier est de Tacite (1) il est ainsi conçu :

« Falanio objiciebat accusator quod , inter cultores
« Augusti qui per omnes domos in modum collegiorum
« habebantur, Cassium quemdam, mimum corpore infa-
« mem, adscivisset, quodque, *venditis hortis, statuam
« Augusti simul mancipasset.* »

Si l'on se reporte au passage cité, on voit immédiatement ce dont il s'agit: on reprochait à un certain Falanius,
chevalier romain, d'avoir reçu chez lui un comédien
nommé Cassius, et d'avoir, lors de la vente de ses jardins,
mancipé en même temps une statue d'Auguste. Le premier
fait ne nous intéresse pas; le second seul est relatif à la
controverse qui nous occupe. Falanius, en vendant ses
jardins, a mancipé en même temps une statue qui s'y trouvait : voilà bien, dit-on, un fait indiscutable; voilà bien la

(1) Tacite, Annales, I, 73.

mancipation d'une chose non comprise dans l'énumération d'Ulpien ; donc l'énumération n'est pas limitative.

La réponse est pourtant fort simple : Falanius a vendu ses jardins, c'est-à-dire un fonds italique ; il les a donc mancipés et, en même temps, — « simul, » dit le texte, — il a aliéné les accessoires de ce fonds, les ornements, les statues, « accessorium sequitur principale. » La statue n'a pas fait l'objet d'une mancipation spéciale, Tacite le dit expressément « simul mancipasset ; » elle a suivi le sort du fonds dont elle était l'accessoire. Cette solution fût venue à l'esprit des romanistes modernes, mais Tacite lui-même a pris soin de nous l'indiquer en mettant la réponse à l'accusation dans la bouche de Tibère : aussi ceux qui invoquent ce texte ne rapportent-ils pas les lignes suivantes, ce qui montre bien l'inconvénient de discuter sur des citations tronquées. Tacite en effet ajoute que, les accusations dont nous avons parlé étant parvenues jusqu'aux oreilles de l'empereur, Tibère écrivit aux consuls que les honneurs divins décernés à Auguste ne devaient pas être une source de désagréments pour les particuliers et qu'il n'était en rien contraire à la religion qu'une statue d'Auguste, tout comme les images des autres divinités, suivît comme accessoire la vente des jardins ou des maisons : « Quæ ubi Tiberio « notuere, scripsit consulibus...... nec contrà religiones « fieri quod effigies ejus (Augusti), ut alia numinum simu- « lacra, venditionibus hortorum et domuum *accedant.* »

Ainsi tout l'argument que l'on aurait pu tirer de la première partie du texte est détruit par la seconde partie. Ce passage de Tacite ne prouve absolument rien en faveur de l'extension des *res mancipi*.

L'autre texte invoqué est de Pline et il a embarrassé les auteurs, ou du moins certains d'entre eux, bien plus que le précédent. En voici la teneur : « Lolliam Paullinam, « quæ fuit Gai principis matrona, ne serio quidem aut « solemni cærimoniarum aliquo apparatu sed mediocrium « etiam sponsalium cenâ, vidi zmaragdis margaritisque « opertam, alterno textu fulgentibus toto capite, crinibus,

« spira, auribus, collo ; monilibus digitlisque, summa qua-
« dringenties H S (1) colligebat, ipsam confestim paratam
« *mancupationem* tabulis probare (2). » — Deux chapitres
plus loin, Pline ajoute, en parlant toujours des perles : « Et
« hoc tamen æterne prope possessionis est, sequitur here-
« dem, *in mancipatum* venit, ut prædium aliquod (3). »

Que résulte-t-il de tout cela ? Pline nous apprend dans
un chapitre de son histoire naturelle relatif aux perles,
que ces joyaux étaient fort estimés et d'un prix très élevé ;
qu'il a vu une certaine Lollia Paullina en porter dans les
cheveux, autour du cou et sur toute sa personne, pour
quarante millions de sesterces ; — et elle était prête, ajoute-
te-t-il, à en prouver la *mancipation* sur l'heure « Confes-
« tim tabulis *mancupationem* probare. »

Mais à ce prix énorme des perles Pline voit des com-
pensations : les perles offrent certains avantages, leur
possession est indéfinie, elles restent dans la famille et
passent aux héritiers, enfin il est d'usage de les manciper
comme les fonds de terre « *in mancipatum venit* ut
prædium aliquod. »

Voilà donc un fait bien certain, puisqu'il est affirmé à
deux reprises par Pline : on mancipe les perles. Or s'il est
vrai de dire que tout ce qui se mancipe est *res mancipi*
on est bien forcé d'avouer que les perles sont *res mancipi*.

Cujas admet sans hésiter ce raisonnement : pour lui les
perles sont des *res mancipi*. Mais pourquoi les perles
plutôt qu'autre chose ? C'est ce que se demande le célèbre
auteur et après avoir fait une première concession il est
entraîné à en faire une seconde : il classe parmi les *res
mancipi* tous les objets dont la valeur est égale ou supérieure à celle de l'or, toute chose pour laquelle le vendeur
doit promettre le double en cas d'éviction « quæ veneat
« auro contra vel auro supra, de quâ evictionis nomine

---

(1) 40,000,000 de sesterces, environ 8,000,000 de francs.
(2) Pline, *Hist. Nat.*, cap. 58.
(3) Pline, ibid. cap. 60.

« duplum promitti oportet. » Il se base pour tenir ce langage sur un texte du Digeste (1) où l'on trouve ces mots :
« Quod autem diximus duplam promitti oportere sic erit
« accipiendum ut non ex omni re id accipiamus sed de
« his rebus quæ pretiosiores essent : si margarita forte,
« aut ornamenta pretiosa, vel vestis serica, vel quid aliud
« non contemptibile veniat. » Cujas voit dans ce fragment
tiré d'Ulpien (liv. 92 ad Edictum) et relatif à la « stipulatio
duplæ » les perles assimilées à divers autres objets précieux : or les perles étant pour lui *res mancipi*, les autres
objets précieux doivent l'être aussi; et comme il lui faut un
criterium il prend comme minimum de valeur la valeur de
l'or. Inutile de faire remarquer l'inanité d'une pareille
base : l'or lui même n'est pas *res mancipi ;* pourquoi sa
valeur servirait-elle à distinguer les *res mancipi ?* Quant
au fragment cité, il est complètement étranger à la matière
et s'occupe de tout autre chose. Le système de Cujas est
de pure invention et quand on entre dans le domaine de
l'arbitraire, on ne sait où l'on s'arrêtera.

On a cherché à donner au texte de Pline un sens qu'il
n'a pas, à le détourner de sa véritable signification (2).
Pour nous, nous acceptons ce passage de Pline et nous
l'acceptons avec toute sa valeur; nous ne cherchons aucune
explication en dehors du sens naturel des mots; Pline a
bien dit ce qu'il voulait dire : on mancipe les perles, c'est
un fait acquis. Mais cela prouve-t-il qu'elles fussent *res
mancipi ?* Pas le moins du monde. Tout le système qui veut
étendre la liste des *res mancipi* repose sur cette seule base :

(1) L. 37, § 1, D. de evict. et duplæ stip., XXI, 2.
(2) Huschke fournit une explication trop ingénieuse pour n'être
pas suspecte : il la trouve dans l'institution des *mancipes*, sortes de
publicains qui louaient de l'Etat le droit de percevoir le revenu des
biens publics, le *vectigal*. Ils devaient fournir des cautions « prædes
populo dati » qu'ils pouvaient, dit Huschke, remplacer par un cautionnement en perles. Cela ne traduit guère le mot « in mancipatum
venit » et n'explique pas du tout l'autre passage de Pline « paratam mancupationem probare. » (Voir Maynz, t. I, p. 117, n. 30.)

on ne mancipe que les *res mancipi* ; donc les personnes libres, donc le patrimoine, donc les perles, tous objets qu'on mancipe, sont *res mancipi*. Or la base est, croyons-nous, complètement fausse : le système extensif ne se tient pas parce qu'il est inexact de dire qu'on ne mancipe que les *res mancipi*, parce que les *res nec mancipi* sont aussi susceptibles de mancipation. Et c'est là tout ce que prouvent les passages de Pline que nous avons cités (1).

(1) La question de savoir si les *res nec mancipi* peuvent être mancipées utilement ne rentre pas dans le cadre de notre travail, mais dans celui d'une étude sur la mancipation; nous devons cependant donner succinctement les raisons qui nous font nous décider pour l'affirmative.

Constatons d'abord qu'aucun texte n'interdit la mancipation des *res nec mancipi*. Ceux dont on a voulu tirer indirectement cette conclusion ne sont pas probants. C'est d'abord un passage où Cicéron (Top. 10) dit que la mancipation n'a pas d'effet si elle porte sur un objet qui ne peut être mancipé « quod mancipio dari non potest. » Ne voit-on pas qu'il y a là une pétition de principe, puisque la question est précisément de savoir quels sont les objets qui ne peuvent être mancipés: c'est ce que Cicéron ne nous dit pas. — L'autre texte est d'Ulpien (XIX, 3) il est ainsi conçu : « Mancipatio propria species alienationis est rerum mancipi. » Ce texte, le plus fort argument de l'opinion adverse, ne prouve cependant pas que la mancipation fût exclusivement réservée aux *res mancipi:* il prouve simplement qu'elle est le mode d'aliénation propre à ces choses; or *propre à* ne veut pas dire *exclusivement réservé à*. Et, comme le dit fort bien Longo, de ce qu'on peut dire dans notre droit moderne que l'acte notarié est le mode de contracter propre aux donations, il n'en résulte pas qu'il soit interdit de faire tout autre contrat par acte notarié.

Ces textes écartés, rien ne peut nous faire croire que la mancipation n'eût pas la puissance de transférer la propriété des choses *nec mancipi:* qui peut le plus peut le moins. D'ailleurs toutes les *res nec mancipi* sont mobilières (sauf les fonds provinciaux, lesquels ne sont pas en question, puisqu'on ne peut avoir sur eux la propriété quiritaire); or les meubles doivent être présents à la mancipation; il faut les saisir avec la main, par suite il y a nécessairement tradition : comment les autres formalités qui entourent cette tradition pourraient elles en annuler les effets? Pourquoi enlever cette garantie aux particuliers qui désirent rendre plus solennelle

Mais pour ceux qui ne veulent pas entendre parler de manciper des *res nec mancipi*, le passage de Pline présente des difficultés considérables et il est curieux de voir les explications prodiguées pour échapper à son autorité par certains auteurs qui, tout en admettant que l'énumération d'Ulpien est limitative, ne veulent pas avouer cependant que les *res nec mancipi* sont susceptibles de mancipation (1).

Ainsi quant au texte : « Paratam confestim tabulis mancupationem probare » Bonfante, après Squitti, s'appuyant sur le mot « tabulis, » prétend que Pline entend par là que Lollia Paullina était toujours prête à montrer par un testament « per es et libram » le caractère héréditaire de ses bijoux. Mais l'auteur italien n'est pas très sûr de cette explication, car à ceux qu'elle ne satisferait pas, il en offre une autre consistant à dire que la signification des mots « mancipare, mancipatio » a été souvent altérée, que Pline n'est pas un auteur juridique et qu'il a bien pu se tromper. A quoi bon chercher si loin une solution que l'on peut trouver si près? N'est-il pas plus simple, si l'on admet que l'énumération est limitative, d'admettre aussi que les *res nec mancipi* peuvent être mancipées? Pour nous les deux opinions sont liées nécessairement : on ne peut pas adopter l'une et rejeter l'autre; les textes de Pline s'expliquent ainsi naturellement et ne peuvent étendre la classe des *res mancipi*

Il ne reste plus dès lors qu'à s'en tenir au texte d'Ulpien

l'acquisition de certains objets ? — Ajoutons que la tradition d'une *res nec mancipi* en cas de vente ne transfère la propriété que si le prix est payé: or cette règle vient précisément de ce que les ventes importantes de *res nec mancipi* se faisaient autrefois par mancipation et que la mancipation implique le paiement d'un prix réel ou fictif. (Appleton, *Résumé du Cours de Droit romain*, t. 1, p. 91, D.) Sur cette discussion, v. Accarias, *Précis de Droit romain*, t. 1, p. 532. — Voigt, 84, 7. — Longo, *La Mancipatio*, p. 96. — Maynz, t. 1, p. 703, n. 10. — Michel, les *Res mancipi*, Th., p. 53. — Guillot, *de la Mancipation*, Th. 1890, p. 107-110.

(1) Voir Bonfante, p. 93 et 177 et suiv.

et ce texte, pour qui veut l'examiner de bonne foi, sans
parti pris, ne peut laisser aucun doute ; il commence ainsi :
« Omnes res aut mancipi sunt aut nec mancipi; » puis
vient l'énumération que nous connaissons, après quoi le
jurisconsulte ajoute : « Ceteræ res nec mancipi sunt ; » et
afin qu'on ne puisse s'y tromper, afin que le moindre doute
soit écarté, il insiste sur certains animaux auxquels on eût
pu facilement, par analogie, étendre le caractère de *res
mancipi*, et il fait remarquer que les chameaux et les éléphants ne sont pas *res mancipi*.

Est-il possible d'être plus affirmatif, plus net, plus clair ?
Nous avouons ne pas comprendre comment, en présence
d'une telle décision de l'illustre auteur, des controverses ont
pu s'élever.

CHAPITRE III

Epoque à laquelle s'est formée la Classe
des Res Mancipi

I. — La plupart des auteurs croient que l'institution des
res mancipi remonte à une époque fort ancienne, mais indéterminée ; d'autres la veulent même, et avec raison,
croyons-nous, antérieure à l'existence de Rome, contemporaine de l'époque primitive ou latine. Summer Maine (1),
parlant des classifications historiques, dit que « la plus
« ancienne, — probablement aussi ancienne que les pre-
« mières tentatives conscientes pour établir des distinc-
« tions de ce genre, — est celle que nous ont léguée les

(1) *Etude sur l'ancien droit et la coutume primitive.* Trad. de
l'Anglais par Courcelles-Seneuil.

« Romains. » — Lattes dit aussi que la distinction remonte à une époque fort ancienne, même antérieure aux Romains.

D'autre part, certains auteurs enseignent la théorie contraire et assignent à la classe des *res mancipi* une origine plus récente.

D'après Tigerström, elle est postérieure à la loi des XII Tables. — D'après Voigt (1), elle a pris naissance dans les derniers temps de la république, après que la tradition eut acquis son efficacité juridique, ce qui arriva, selon lui, entre 585 et 650. — Longo soutient que la distinction est postérieure à la loi des XII Tables et qu'elle est l'œuvre des jurisconsultes (2).

Enfin, Ballhorn-Rosen prétend aussi qu'elle s'est formée par les travaux de la jurisprudence, mais seulement au temps des premiers empereurs.

Pour nous, il n'est pas douteux qu'elle ne soit fort ancienne et même antérieure à l'existence de Rome, car elle est, croyons-nous, le résultat d'un état social, d'une forme de la propriété qui existait bien avant Rome et qui a disparu dès les premiers siècles de la cité. Nous aurons à revenir sur ce point quand nous exposerons le système que nous avons adopté sur l'origine des *res mancipi*.

Dans tous les cas, il est certain que les *res mancipi* existaient déjà lors de la loi des XII Tables qui fut rédigée au début du IV° siècle de Rome (307 u. c.), qu'à cette époque la classification avait atteint tout son développement et qu'elle ne pouvait plus varier.

Une première preuve de la haute antiquité de la distinction réside, comme nous l'avons vu, dans son nom même ; l'orthographe « mancipi » au lieu de « mancipii » prouve qu'elle est née à une époque où la langue romaine se transformait encore. Il est vrai qu'on trouve des formes analogues vers la fin de la république ; mais il est certain que si

---

(1) *Jus naturale*, IV, p. 561. Cité par Bonfante, p. 30.
(2) Longo, *La Mancipatio*, p. 109.

la distinction se fût formée à cette époque-là, le nom des
res mancipi eût changé son génitif comme les autres mots
analogues ; le fait qu'il est resté avec son ancienne forme
prouve qu'à cette époque, vers la fin de la république,
l'expression était déjà formée depuis longtemps, qu'elle
était figée pour ainsi dire dans la forme archaïque qui nous
est parvenue.

Il faut remarquer aussi l'expression « *nec* mancipi » au
lieu de « *non* mancipi » qui indique une époque déjà fort
ancienne. Cette forme se retrouve dans d'autres institutions
datant des premiers siècles, « Furtum *nec* manifestum ; »
elle existe également dans les fragments de la loi des
XII Tables qui nous sont parvenus : « Si intestatus mo-
« ritur cui suus heres *nec* escit (V, 3). — Si adgnatus *nec*
escit (V, 5), — Ast si custos *nec* escit (V, 7) (1). »

Nous trouvons un autre argument dans la nature même
des choses : avant que la distinction des biens en *res mancipi* et *nec mancipi* n'existât, puisqu'on prétend qu'il y a
eu à Rome une époque où elle n'existait pas, — il ne devait pas y avoir de distinction dans les modes d'aliénation,
toutes choses devaient s'aliéner par mancipation ou toutes
par tradition. Or ce dernier point n'est pas admissible : car
s'il y avait eu une époque où la tradition eût été capable de
transférer la propriété de tout objet, peut-on concevoir
qu'on eût ensuite créé la mancipation et déterminé certaines choses ne pouvant s'aliéner que dans cette forme?
donc, à l'époque où la distinction, prétend-on, n'existait
pas, la mancipation devait être le seul mode d'aliénation
pour tous les objets. Mais il est impossible que cet état ait
duré bien longtemps : on conçoit la gêne apportée par une
telle exigence dans le commerce journalier. Cette nécessité
d'une forme solennelle est compatible seulement avec l'état
d'un peuple primitif où le commerce et les transactions
sont dans l'enfance ; elle est incompatible avec les besoins
d'un peuple ayant atteint quelque développement, incompa-

(1) *Textes romains*. Edition Girard, Paris, 1890, p. 13.

tible en tous cas avec l'état du peuple romain tel qu'il existait à la fin de la république et même à la fin du vi° siècle de Rome.

Mais ces arguments, quelque probabilité qu'ils produisent, ne donnent pas la certitude : elle va nous être fournie par un texte de Gaius. Voici, en effet, ce que dit cet auteur parlant des choses que l'on ne peut usucaper bien qu'on les possède de bonne foi : « Item olim mulieris quæ in « agnatorum tutelâ erat *res mancipi* usucapi non pote- « rant, præterquam si ab ipsâ, tutore auctore, traditæ es- « sent ; idque *lege XII Tabularum cautum erat* (1). » Ainsi la loi des XII Tables disait que l'on ne pouvait pas usucaper une *res mancipi* livrée par une femme en tutelle sans « l'auctoritas » de son tuteur : la distinction existait donc bien à l'époque de la loi des XII Tables, au commencement du iv° siècle, et il est certain par suite qu'elle lui était bien antérieure ; car la loi des XII Tables n'a rien créé, elle n'a fait que rédiger les lois déjà existantes, les coutumes dès longtemps en vigueur.

Cela dit, examinons les systèmes qui font des *res mancipi* une institution récente. Nous ne combattrons pas les systèmes insoutenables de Ballhorn-Rosen (2) et de Cogliolo (3) qui font des *res mancipi* une institution contemporaine des premiers temps de l'Empire. Comment peut-on croire qu'une institution de ce genre ait pu naître au milieu du droit classique et que les jurisconsultes ne nous en aient pas gardé le souvenir ?

Reste la théorie plus importante de Voigt (4). Cet auteur se fonde d'abord sur ce fait que la tradition n'a été consacrée comme mode d'aliénation que postérieurement à la loi des XII Tables et que par suite la division des choses en *res mancipi* et *nec mancipi* est également postérieure à

(1) G. II, 47.
(2) Ballhorn-Rosen, *Uber Dominium*, 1822, p. 129. (Cité par Bonf.)
(3) Cogliolo, *Note al Padeletti*, Firenze, 1886.
(4) Voigt, *Jus naturale*, IV, p. 565. *Die XII Tafeln*, § 84, n. 7, cité par Bonfante, p. 20.

cette loi. Nous avons déjà fait remarquer que la distinction
dérive d'un principe ancien, indépendant des modes d'aliéna-
nation et par suite le plus ou moins d'antiquité de la tradition ne peut influer sur l'époque de la distinction. Admettons cependant un moment cette influence : quels sont
les raisons émises par l'auteur allemand en faveur de son
système ? Les auteurs qui traitent de la distinction ne men-
tionnent pas, dit-il, la loi des XII Tables. — Et d'autre
part cette loi, qui traite pourtant de la mancipation, ne
parle nullement de la tradition comme moyen de transférer la propriété.

Cette affirmation est plus que téméraire, elle est erronée.
Nous n'invoquerons pas, pour le prouver, le passage où
Justinien nous dit que la loi des XII Tables s'occupait des
choses vendues et simplement livrées, car ce passage est
contesté (1). Mais que fait-on du texte (' Gaius déjà cité,
parlant de la tradition des *res mancipi* de la femme en
tutelle : « idque ita lege XII Tabularum cautum erat. » Il
est donc certain que la loi parlait des *res mancipi* : la distinction n'étant pas possible, suivant Voigt, sans l'effet juridique de la tradition, celle-ci existait donc comme mode de
transférer la propriété.

Aussi ne tient-on pas compte de ce texte. Voigt, après
Ballhorn-Rosen, méconnaît cette autorité : Gaius se trompe,
Gaius ne connaissait pas la loi des XII Tables ! Etonnante
accusation lancée contre un jurisconsulte romain, plus éton-
nante encore quand ce jurisconsulte a fait comme Gaius
un commentaire de la loi des XII Tables, de cette loi que
tous les citoyens connaissaient, qui faisait partie de l'édu-
cation et que les écoliers apprenaient par cœur.

Voigt a trouvé un autre argument qui ne vaut pas mieux
que les précédents : c'est qu'on ne trouve dans Plaute (mort

(1) Inst. II, 1. 41. « Venditæ res et *traditæ* non aliter emptori
« adquiruntur quam si is venditori pretium solverit.... .. Quod
« cavetur quidem etiam *lege* XII *Tabularum* » — La contestation
porte sur le mot *traditæ* que Justinien aurait mis à la place de
mancipatæ.

- 38 -

en 570 v. c.) aucune trace de la tradition comme mode
d'acquisition de la propriété ni de la distinction des *res
mancipi* et *nec mancipi* et que par conséquent cette distinction n'existait pas encore à la fin du vi⁰ siècle. Ce raisonnement serait sérieux s'il était prouvé que Plaute a parlé
dans ses comédies de toutes les institutions juridiques en
vigueur de son temps; mais on ne peut vraiment pas trans-
former un auteur comique en commentateur de la loi des
XII Tables. Laissons donc à chacun son rôle.

Le même auteur tire un dernier argument de la formule
de l'Edit Publicien (519). Cet édit serait ainsi conçu : « Si
« is quod ei traditum est ex justâ causâ petet, judicium
« dabo. » Le préteur donne la Publicienne à celui qui a
reçu tradition et cela sans distinction, par conséquent à celui qui a reçu tradition d'une chose quelconque; donc, la
tradition ne transférait pas la propriété; donc enfin, les *res
mancipi* sont postérieures à l'Edit Publicien. Nous n'acceptons pas cette conclusion, parce que nous n'acceptons pas la
restitution donnée par Voigt. Il n'y avait dans l'édit qu'une
seule disposition, mais elle comprenait tous les cas, celui du
possesseur d'une *res mancipi* simplement livrée et celui du
possesseur de bonne foi qui a acquis « a non domino »
une chose quelconque. L'édit portait non pas : « id quod
« traditum est ex justâ causa petet... » mais selon d'autres auteurs : « Si quis *id quod traditur* vel *mancipatur*,
« — traditum ex justâ causâ, — et nondum usucaptum,
« — petet, judicium dabo (1). » Grâce à cette restitution,
tombe l'argument tiré du texte de l'Edit Publicien : « id
« quod traditur, » ce sont les *res nec mancipi ;* « id quod
« mancipatur » les *res mancipi.* Donc, dans l'édit déjà,
la distinction est nettement posée, et l'argument de Voigt
se retourne entièrement contre lui.

(1) G. Appleton, *Essai de restitution de l'Edit Publicien.* Paris, 1880.
On trouvera dans cet ouvrage les controverses qui se sont élevées
sur la formule de l'Edit. Nous en avons extrait la formule sur laquelle nous nous appuyons pour réfuter Voigt.

On le voit, aucune des raisons présentées en faveur de la récente institution des *res mancipi* n'est probante. Il est donc bien certain, puisque Gaius l'affirme, qu'elle est antérieure ou au moins contemporaine de la loi des XII Tables. Nous verrons, en parlant de son origine, qu'elle était déjà fort ancienne quand les bases de Rome furent posées (1).

II. — Nous n'en avons cependant pas fini avec les discussions, car même en admettant que la classe des *res mancipi* était déjà formée à l'époque de la loi des XII Tables, certains auteurs ont prétendu qu'elle ne l'était pas du moins d'une façon invariable, telle que nous l'ont transmise Ulpien et Gaius : elle n'aurait pas compris les bêtes de somme et de trait, et, — c'est encore le système de Voigt, — ces objets ne seraient devenus *res mancipi* que dans la période de temps comprise entre la fin du vii° siècle de Rome et la première moitié du second siècle après Jésus-Christ, soit une période d'environ 150 ans. En d'autres termes, c'est l'espace qui s'étend entre Varron et Gaius (2) : en effet, à l'époque de Gaius, les animaux qu'énumère Ulpien étaient *res mancipi*, et Voigt croit qu'à l'époque de Varron ils ne l'étaient pas.

(1) Remarquons que si la distinction fût née, comme on le dit, à la fin de la République ou au commencement de l'Empire, on ne pourrait pas lui donner d'autres bases que la valeur relative des choses. Or quantité d'autres choses étaient plus précieuses que les *res mancipi* : les bijoux, l'or, les pierres précieuses. Gaius appelle les *res mancipi* « res pretiosiores » mais c'est un souvenir de leur valeur aux débuts de Rome. Quelle était la valeur des r. m. à ce temps où Rome connaissait un luxe dont nous n'avons pas idée, où Lollia Paullina portait sur elle pour 40 millions de sesterces de perles, où Cicéron, qui n'était pas des plus riches, avait plusieurs villas dont une seule valait 3 millions et demi de sesterces, et des meubles précieux valant des centaines de mille sesterces, où certains citoyens possédaient jusqu'à 20,000 esclaves? Les esclaves seuls cultivaient la terre : ils se vendaient à vil prix. (V. E. de Laveleye. *De la propriété*, p. 187.)

(2) Varron, né en 116, m. en 26 av. J.-C. (637-727 de Rome). Gaius, ii° siècle ap. J.-C.

Il s'appuie pour le prouver sur un texte de Varron lui-même, d'après lequel il semblerait que ces animaux peuvent être aliénés par tradition.

Dans ce passage, tiré du livre II de *Re Rusticâ*, Varron traite de l'achat des troupeaux : après avoir parlé de l'achat des brebis, des chèvres, des porcs, il arrive à l'achat des ânes, bœufs et chevaux.

Parlant de l'âne, il dit ceci : « In mercando item ut ce-« teræ pecudes emptionibus et *traditionibus* dominum « mutant (1) ; » et plus loin, parlant des chevaux : « Emptio « equina similis fere ac boum et asinorum, quod eisdem « rebus in emptione dominum mutant... (2) »

Voigt conclut de ces paroles que la tradition suffit au temps de Varron pour transférer la propriété des bœufs, des ânes et des chevaux (Varron ne parle pas des mulets) ; par suite, les animaux en question ne sont pas encore *res mancipi* à cette époque.

Si la première proposition était exacte, la seconde le serait nécessairement, puisque la propriété des *res mancipi* ne peut pas se transférer par tradition. Mais est-il bien vrai que la tradition suffise au temps de Varron à aliéner les bœufs, les ânes et les chevaux?

Demandons-nous d'abord, comme nous l'avons fait pour d'autres textes, quelle est la valeur intrinsèque de celui-ci. L'auteur n'est pas un jurisconsulte et ne traite nullement de règles juridiques : le texte est un passage du *de Re Rusticâ*, traité absolument pratique et qui n'a rien de juridique. Qu'on se reporte au chapitre cité : on verra que l'auteur parle de la manière de se constituer de bons troupeaux ; il traite de l'achat des chèvres, des porcs, des ânes, des qualités qu'ils doivent avoir, des signes qui révèlent ces qualités ; ce n'est que d'une façon tout à fait incidente qu'il parle de l'acte juridique du transfert de propriété. Rien d'étonnant dès lors à ce que l'auteur n'ait

(1) *De re rusticâ*, Lib. II, cap. 6, de Asinis, al. 3.
(2) *De re rust.*, Lib. II, cap. 7, de Equis et equabus.

pas cherché une grande exactitude dans les termes et se
soit servi d'une expression générale pouvant à la rigueur
comprendre la mancipation ; car enfin la mancipation des
objets mobiliers comme les animaux est-elle autre chose
qu'une tradition entourée de formes solennelles ?

D'autre part, serait-il étonnant que Varron eût commis
une erreur dans les mots ? Bonfante (1) fait remarquer que
le langage de Varron dans le *De re rusticâ* est peu soigné,
qu'il accumule les renseignements, les idées, sans ordre,
passant de l'une à l'autre sans raison apparente, traitant
de l'achat de certains animaux et omettant de parler de
l'achat de certains autres dont pourtant il traite dans son
livre, comme les mulets, les porcs, les chèvres ; disant que
la stipulation et le paiement du prix ne suffisent *pas toujours* pour transférer la propriété (2), comme s'il y avait
des cas où cela peut suffire, comme si une autre opération,
mancipation ou tradition, n'était pas toujours nécessaire ;
disant que, un troupeau de brebis ayant été promis par
stipulation, la propriété n'en est pas transférée si le compte
n'en est pas fait (3), comme si le compte non suivi de tradition pouvait transférer la propriété.

Il serait facilement admissible, par suite, que Varron,
écrivant un traité qui n'a rien de la précision juridique,
eût employé un mot pour un autre et, prenant le mot le
plus général, eût dit tradition au lieu de mancipation.

Admettons même que Varron ait employé volontaire-
ment et d'une façon réfléchie le mot tradition ; il n'en résulte pas que les chevaux, ânes, etc., ne fussent pas *res
mancipi* à son époque et une explication fort plausible du
passage en litige a été fournie par Ballhorn-Rosen.

Il est bien certain qu'à l'époque où écrivait Varron (à la
fin du VIIe siècle de Rome) les mœurs romaines n'étaient

(1) *Res mancipi e nec mancipi*, p. 111.
(2) *De re rust.* Lib. II, 1, 9.
(3) *De re rust.*, Lib. III, III, 5 et 6. « Cum id (stipulatio ovium) fac-
« tum est, tamen grex dominum non mutat nisi si est adnume-
« ratum. »

plus ce qu'elles étaient à l'origine. Les *res mancipi*, et entre autres (nous devrions dire surtout) les bêtes de somme, avaient bien perdu de leur antique valeur : le motif de la distinction des biens en *res mancipi* et *nec mancipi* ayant disparu, s'étant effacé même des mémoires, une seule chose pouvait faire estimer plus haut les *res mancipi*, leur prix ; or il est évident qu'on ne faisait plus des animaux en question le cas qu'on en faisait au début, où l'agriculture était la principale occupation des Romains. En outre, le commerce, de rudimentaire qu'il était d'abord, était devenu plus considérable et plus actif à mesure que s'étendait le territoire de Rome, et par suite les multiples formalités de la mancipation devaient considérablement gêner les transactions. — Ajoutons que la simple tradition des *res mancipi* en faisait acquérir la propriété bonitaire, laquelle avait tous les avantages de la propriété quiritaire et se changeait rapidement en « dominium » par l'usucapion (un an pour les meubles). — Remarquons enfin que les pérégrins n'ayant pas le « commercium » on prenait dans les transactions faites avec eux l'habitude de faire simple tradition des *res mancipi*.

Pour tous ces motifs, diminution de l'importance des *res mancipi*, extension du commerce, assimilation presque complète de l' « in bonis » au « dominium, » relations avec les pérégrins, il est, sinon certain, du moins très probable qu'on se dispensait volontiers dans la pratique des formalités de la mancipation pour l'achat des bêtes de somme, et que l'on se contentait de la tradition. Cette manière d'agir ne pouvait offrir d'inconvénients, étant donnés la brièveté du délai d'usucapion, la difficulté pour le revendiquant de prouver la propriété d'un animal aussi commun que le sont les bœufs ou les chevaux, le défaut d'intérêt qu'aurait eu le vendeur payé à troubler l'acheteur, étant donné enfin que celui-ci jouissait de tous les avantages pratiques de la propriété quiritaire.

Enfin, quoi que l'on pense de cette explication, il est impossible de justifier l'introduction dans la classe des *res mancipi* do certains animaux à la fin de la république, juste au moment où cette catégorie commençait à perdre la faveur des jurisconsultes.

Par suite de ces considérations, que nous avons déjà développées, et alors même que le passage de Varron ne recevrait aucune explication plausible, nous n'hésiterions pas à dire que son assertion constitue une erreur. Mais nous avons vu que ses paroles sont faciles à expliquer ; et nous pouvons admettre que la classe des *res mancipi* formée dès la plus haute antiquité n'a jamais varié, sans taxer pour cela d'inexactitude celui qu'on appelait le plus savant des Romains.

CHAPITRE IV

De l'origine des Res Mancipi

§ 1. — EXAMEN DES DIVERS SYSTÈMES PROPOSÉS

Parmi les opinions proposées pour expliquer l'origine des *res mancipi*, les unes rapportent l'établissement de cette institution à un acte législatif spécial, — les autres disent qu'elle s'est formée par l'usage, qu'elle est l'œuvre de la coutume. Remarquons immédiatement que la première hypothèse est infiniment moins probable que la seconde : c'était assez peu l'habitude des Romains de procéder ainsi par dispositions législatives, par changements brusques; chez eux, on ne changeait pas le droit existant, il se transformait. C'est moins encore l'habitude d'un peuple dans l'enfance et mal familiarisé avec les choses du droit, comme devaient l'être les Quirites, quand la distinction se forma.

Nous examinerons, en premier lieu, les systèmes qui regardent les *res mancipi* comme établies par une loi unique : ce sont, nous le répétons, ceux qui paraissent à première vue les moins favorables.

I. — Les Res Mancipi résultat d'un acte législatif

C'est à Servius Tullius (175-219 v. c.) que revient, d'après plusieurs auteurs, l'honneur d'avoir créé les *res mancipi :* mais les systèmes ne s'accordent pas sur la manière dont il s'y prit pour arriver à ce but.

D'après M. de Fresquet (1), les *res mancipi* se rattacheraient à l'institution du cens. Les citoyens étaient, on le sait, divisés en cinq classes, suivant leur fortune : dans la première, ceux qui possédaient au moins cent mille as ; dans la dernière, ceux qui en possédaient douze mille cinq cents. Mais, en établissant cet ordre social, Servius Tullius aurait voulu éviter les fraudes, empêcher qu'un citoyen ne se fît inscrire dans une classe à laquelle ne le destinait pas sa fortune réelle ; et, afin que cette fortune fût connue d'une façon certaine, il aurait ordonné que l'on n'y comprît que les choses ayant une *assiette stable,* — une *individualité déterminée* et distincte, — et dont on pût *établir d'une façon certaine la propriété.* Les *res mancipi* présenteraient précisément tous ces caractères et seraient, suivant ce système, les seules choses qu'il fût permis de déclarer au cens pour établir sa fortune. Elles seraient les choses essentiellement stables, présentant le caractère d'individualité requis; et quant à la propriété, elle est établie d'une façon certaine par la mancipation, dont les formalités n'ont pas d'autre but.

Nous avouons ne pas bien saisir ces caractères de sta-

(1) *Revue historique du Droit français,* t. III, p. 500.

bilité et d'individualité des *res mancipi*. Stables, les fonds
urbains et ruraux le sont, de même que les servitudes ;
mais on n'en peut pas dire autant des esclaves, des animaux de trait et de somme. Quant à l'individualité, si elle
appartient en effet aux fonds et aux esclaves, on ne nous
persuadera pas qu'il en soit de même des « quadrupedes
« quæ dorso collove domantur » et que l'individualité d'un
bœuf soit plus marquée que celle de tout autre quadru-
pède.

Ce système a le tort de s'appuyer sur un texte qui, loin
d'être probant en sa faveur, peut fournir un argument
contre lui. Il est de Cicéron : « Illud quæro sintne ista
« prædia censui censendo ; habeant jus civile ; sint necne
« sint mancipi ?..... Census es præterea numeratæ pecu-
« niæ centum triginta H. S. millia (1). » Cicéron accuse
un certain Decianus d'avoir commis une faute, d'avoir
déclaré au cens des terres situées hors de l'Italie, et qui
ne devaient pas être portées sur les registres du cens. On
prétend que Cicéron prend pour synonymes les expressions
« res mancipi » et « censui censendo, » que par suite les
res mancipi sont seules portées sur les registres.

Mais le texte ne permet pas une telle conclusion. Ce que
Cicéron paraît identifier, ce ne sont pas les choses qui
doivent être déclarées au cens avec les *res mancipi*, ce
sont les « *prædia mancipi* » avec les « *prædia censui cen-*
« *sendo*. » Car les seuls fonds qui soient *res mancipi* sont
situés en Italie, les seuls en même temps qui soient capa-
bles de propriété quiritaire, et les seuls par suite qui doivent être déclarés au cens.

Observons en outre que, dans le passage cité, Cicéron
parle d'une somme de cent trente mille sesterces déclarée
au cens par Decianus : va-t-on de là conclure que la monnaie est *res mancipi* ? Mais, dit-on, c'est qu'à l'époque de
Cicéron le cens est dénaturé ; il n'a plus pour but le classe-
ment des citoyens, il n'a plus qu'un but fiscal. C'est pos-

(1) Cic., *Pro Flacco*, 32.

sible ; mais alors que veut-on en tirer ? C'est une raison de
plus pour rejeter le sens que l'on veut donner au texte de
l'orateur romain (1).

Ce système a encore le tort de prêter à Servius Tullius
l'institution de la mancipation : et il est bien certain qu'elle
était plus ancienne. Il n'est même pas sûr qu'on lui doive
l'introduction de la balance, car avant lui on se servait
déjà dans les transactions de l' « æs rude » qu'il fallait
bien peser. Dans tous les cas, si Servius Tullius a introduit la formalité de l' « æs et libra » comme forme juridique, il n'a sûrement pas inventé la mancipation.

D'après Walter (2), à l'origine il n'y avait pas d'autre
mode d'aliénation que l'échange ; plus tard, l'aliénation se
fit par un mode juridique indirect, l' « in jure cessio. »
Servius Tullius aurait imaginé deux autres modes d'aliénation : pour les choses les plus importantes, — qui de-
vinrent les *res mancipi*, — la mancipation ; pour les moins
importantes, les *res nec mancipi*, la simple tradition.

Ribéreau (3) modifie quelque peu ce système : pour lui,
le très ancien droit romain ne connaissait que des modes
solennels pour la transmission de la propriété : la mancipation et l' « in jure cessio. » Servius Tullius n'inventa
donc pas la mancipation, mais de ce mode solennel il dé-
tacha une formalité, la tradition, dont il fit un mode d'aliénation pour les choses les moins importantes du patrimoine.

Bonfante (4) oppose à cette opinion un argument dénué
de valeur : comment, dit-il, si la mancipation avait eu à
une certaine époque le pouvoir d'aliéner toutes les choses

(1) Ce n'est pas là le seul texte où il soit parlé de *res nec mancipi*
déclarées au cens, « *Ornamenta et restem muliebrem et vehicula*
« *quae pluris quam quindecim millium æris essent decies pluris*
« *in censum referre* justores jussit. » Tit. Liv., XXXIX, 14.)
(2) Walter, *Geschichte des romischen Rechts*, § 564. Cité par Bonfante, p. 46.
(3) Ribéreau, *Théorie de l'in bonis*, Paris, 1867, p. 32.
(4) Bonfante, *Res mancipi e nec mancipi*, p. 47.

sans exception, eût-elle ensuite perdu ce pouvoir pour les *res nec mancipi* ? Or, c'est une question fort controversée, précisément, que celle de savoir si la mancipation produit ou non effet à l'égard des *res nec mancipi;* pour nous, cet effet n'est pas douteux.

Une autre objection, plus sérieuse, c'est que la théorie de Ribéreau est arbitraire et dénuée de preuves. S'il est vrai que Servius Tullius apporta des réformes dans la mancipation, rien ne peut nous faire croire qu'il en ait détaché la tradition pour en faire un mode d'aliénation à part. Enfin, il est assez peu probable qu'il y ait eu à l'origine une époque où tout objet devait être aliéné par un mode solennel, mancipation ou « cessio in jure : » la nécessité pour transférer la propriété de la moindre chose, quelque minime que fût sa valeur, d'aller devant le magistrat ou d'accomplir les formalités de la mancipation, eût rendu toute transaction impossible, d'autant plus qu'à l'origine ce n'étaient pas cinq témoins, mais le peuple entier, qui assistait à la mancipation (1).

II. — Les Res Mancipi résultat de la coutume et de l'état social des Romain primitifs (2).

Plusieurs auteurs voient dans les *res mancipi* les choses prises à la guerre, le butin ; mais ils expliquent de diverses façons les conséquences de ce principe.

Pour Hommel et Gibbon, les *res mancipi* constituaient le seul butin fait à la guerre, et la mancipation représentait dans le mode d'aliénation la manière dont ces objets avaient été conquis. Cette théorie est fausse en plusieurs points et n'explique nullement les particularités relatives

(1) Guillot, *La Mancipation.* Th. 1890, p. 34.
(2) Les systèmes sont extrêmement nombreux ; nous n'exposerons que les principaux, ceux qui paraissent les plus vraisemblables.

aux *res mancipi*. S'il est vrai que la conquête fût un mode fréquent d'acquisition dans le temps ancien, il n'est pas vrai que toute chose fût conquise sur l'ennemi ; s'il est vrai que la terre et les prisonniers de guerre, c'est-à-dire les esclaves, fussent les principaux objets de la conquête, on n'en peut dire autant des servitudes, qui n'étaient certes pas prises sur l'ennemi. Remarquons aussi que les *res mancipi* ne devaient pas former l'unique objet du butin : les vainqueurs ne prenaient-ils donc pas les armes, si précieuses pour un peuple guerrier, les bijoux, qui devaient avoir une grande valeur, alors que les métaux précieux étaient rares ? Il est impossible de soutenir enfin qu'ils ne prenaient parmi les animaux que ceux qu'énumère Ulpien, et qu'ils laissaient de côté les troupeaux qui devaient pourtant former une grande partie de la richesse.

Les textes invoqués par ce système sont sans valeur à ce point de vue. L'un est de Florentinus (1), qui après avoir expliqué qu'on appelle les esclaves « servi » parce que les généraux ont l'habitude, au lieu de tuer les prisonniers de guerre, de les conserver « servare, » pour en faire des esclaves, explique aussi qu'on les appelle « mancipia » parce qu'ils sont pris sur l'ennemi « mancipia vero « dicta quod ab hostibus manu capiantur. » Or, on peut bien tirer de « mancipium » que les esclaves sont pris avec la main « manu capiantur, » mais non pas qu'ils sont pris sur l'ennemi ; et Florentinus, poursuivant l'idée qu'il a déjà exprimée auparavant, a tort d'ajouter « ab hostibus. » — Deux autres textes sont encore moins probants. L'un, de Varron, est ainsi conçu : « Man- « cipium quod manu capitur, » l'autre de Gaius : « Man- « cipatio dicitur quia manus res capitur (2). » Qu'est-ce que cela prouve, sinon que la propriété est en définitive fondée sur l'occupation, et que la mancipation en est l'image ? La mancipation ne rappelle nullement la guerre,

---

(1) L. IV, § 3, D. de Statu hominum, 1, 5.
(2) Varron, *De Ling. Lat.* v, 8. — Gaius, 1, 121.

elle ne contient pas une lutte simulée, mais une simple affirmation du droit : elle ne justifie en rien la théorie que nous combattons (1).

C'est pourquoi d'autres auteurs, tout en admettant le même principe, expliquent autrement ses conséquences.

Puchta croit, avec Manhayn (2), que les *res mancipi* étaient ces choses attribuées à l'État dans le butin, et qu'il vendait aux citoyens. Mais, loin de dire, comme beaucoup d'autres, que la mancipation fut, sinon une entrave, du moins une protection apportée à la vente des *res mancipi*, Puchta prétend qu'elle eut pour but d'en faciliter l'aliénation : les particuliers ne pouvaient se transmettre les uns aux autres les choses ainsi achetées de l'État que par « in jure cessio, » c'est-à-dire par un mode indirect ; on institua la mancipation pour faciliter les transactions : ce mode d'aliénation fut copié sur celui de l'État, mais on remplaça le peuple par cinq témoins. Ce n'est que plus tard, quand la tradition eut été admise pour les *res nec mancipi*, que l'on s'attacha pour les *res mancipi* au carac tère de choses précieuses et que l'on vit dans la mancipa tion, non plus une facilité, mais une entrave, justifiée précisément par ce caractère précieux.

On ne peut refuser à cette théorie un caractère fort ori ginal ; mais elle est en contradiction avec la marche lo gique des choses. Il serait étrange que le droit primitif, toujours plus sévère et plus formaliste que les époques déjà avancées dans la science juridique, eût cherché à faciliter l'aliénation d'objets aussi importants que les fonds de terre, et que la mancipation eût été maintenue comme protection ou comme entrave, juste au moment où le ca ractère précieux des *res mancipi*, loin d'être reconnu,

(1) En outre, dans ce système, les fonds de terre que l'on possédait avant toute guerre, les maisons que l'on fait bâtir, les esclaves et les animaux nés à la maison ne devraient pas être *res mancipi*. Or personne ne fait une telle distinction.

(2) Manhayn, *Uber den Ursprung und die Bedeut. der R. M.*, cité par Bonf., p. 55. Puchta, Inst. § 240.

4

commençait à disparaître. En outre, si cette théorie était vraie, elle expliquerait bien la nécessité de la mancipation, mais elle ne justifierait nullement la défense faite aux femmes en tutelle d'aliéner leurs *res mancipi* sans l' « auctoritas » de leur tuteur : c'est bien là pourtant une entrave à l'aliénation des *res mancipi*, et elle est fort ancienne, puisque Gaius nous la montre existant déjà dans la loi des XII Tables, et elle disparaît précisément alors que le caractère précieux des *res mancipi* aurait dû être reconnu, suivant la théorie de Puchta.

Passons aux systèmes fondés sur une idée de valeur relative et qui attribuent l'institution des *res mancipi* au caractère précieux qu'elles présentaient pour les premiers Romains. C'est une idée déjà exprimée par Cujas, que les *res mancipi* sont les choses les plus précieuses pour un peuple primitif, et que c'est pour ce motif qu'on aurait entouré leur aliénation des formalités de la mancipation et défendu aux femmes en tutelle d'en transférer seules la propriété.

Il est facile de voir combien cette notion est vague et manque de précision : aussi Cujas, reconnaissant que les *res mancipi* énumérées par Ulpien n'étaient pas seules précieuses, accordait-il ce caractère à divers autres objets, notamment aux perles et en général à tous les objets dont la valeur est égale ou supérieure à celle de l'or. Nous avons déjà montré la fausseté de cette conception, nous n'y reviendrons pas.

Ortolan (1) est plus précis, mais pas assez cependant à notre gré. » On peut observer, dit-il, 1° que toutes les « choses *mancipi*, sans exception, sont des choses connues par les Romains des premiers temps jusqu'à l'incorporation de l'Italie dans la cité ; 2° que toutes, sans « exception, sont des choses qui ne se consomment pas

---

(1) Ortolan, *Explication historique des Instituts de Justinien*, t. II, p. 236, note 3.

« par l'usage ; mais que la réciproque de ces deux propo-
« sitions n'est pas vraie ; 3° qu'en effet, dans cette dernière
« classe, on n'avait déclaré choses *mancipi* que celles qui
« *se distinguent spécialement* les unes des autres et qui
« *avaient le plus de valeur ou d'utilité.* »

Les deux premières propositions sont incontestables,
bien que certains animaux *mancipi* puissent être objets de
consommation : mais enfin, en général, ils ne le sont pas.
Quant à la troisième proposition, nous devons faire des
restrictions. Il est bien certain que les *res mancipi* avaient
pour un peuple primitif une grande valeur (1); mais ce
n'étaient pas les seuls objets précieux. Personne ne niera
la grande valeur des armes pour un peuple guerrier
comme le peuple romain : le casque, la lance de fer, le bouclier d'airain, le char de combat devaient représenter un
certain prix. Personne ne niera non plus la valeur des bijoux et l'usage fréquent que l'on en faisait ; les guerriers
eux-mêmes se paraient de colliers et d'anneaux : qui ne
connaît l'épisode de Tarpeia, la fille du gouverneur de
Rome sous Romulus, qui devint traître par coquetterie et
fut la première victime de sa trahison? Pourquoi donc
tous ces objets n'étaient-ils pas *res mancipi?* C'est, dit
Ortolan, parce qu'ils n'ont pas un caractère individuel assez tranché : nous nous sommes déjà expliqué sur cette
prétendue individualité des *res mancipi ;* nous croyons
qu'un bouclier est aussi facile à distinguer d'un autre bouclier, un bracelet d'un autre bracelet, qu'un bœuf d'un
autre bœuf.

Un autre système, fort séduisant au premier abord, il
faut l'avouer, se fonde aussi sur la valeur des *res mancipi*,
mais à un point de vue plus restreint : il considère les *res
mancipi* dans leurs rapports avec l'agriculture et déclare
que les *res mancipi* sont les plus précieuses pour un peuple
agriculteur comme était le peuple romain à l'origine : en

(1) Le caractère de valeur et d'individualité est aussi invoqué par
Maynz, t. I., p. 684.

d'autres termes, les *res mancipi* sont les choses les plus utiles à l'agriculture (1).

Nous avons dit que cette théorie paraît d'abord séduisante : en effet, personne n'ignore combien l'agriculture était en honneur dans les premiers temps de Rome ; les plus hauts personnages ne dédaignaient pas de cultiver eux-mêmes leurs terres avant que l'effroyable progrès de l'esclavage n'eût fait de l'agriculture une œuvre servile. D'autre part, il est facile de voir que toutes les *res mancipi* sont fort utiles dans ce but : les fonds de terre, les servitudes rurales qui sont seules *res mancipi*, les esclaves qui aident à la culture, les bêtes de somme et de trait qui font les transports et traînent la charrue. Toutes ces considérations sont fort exactes, mais ne nous satisfont pas : pourquoi, si tel a été le principe d'où sont partis les Romains, pourquoi les instruments agricoles, les charrues, ne sont-ils pas *res mancipi* ; pourquoi les récoltes, les chars qui servent à les transporter, les semences qui servent à les produire, ne sont-ils pas *res mancipi* ? parce que, nous dit-on, ce sont là des objets de peu de valeur, des objets de consommation, des objets sans individualité. Mais c'est répondre à la question par la question ! On examine les *res mancipi*, on reconnaît à tort ou à raison qu'elles sont toutes utiles à l'agriculture, toutes non consomptibles, toutes individualisées et reconnaissables, et on pose en principe : les *res mancipi*, sont celles qui sont utiles pour l'agriculture, non consomptibles, et reconnaissables. Fort bien ; mais alors nous demanderons : pourquoi ces choses-là sont-elles *res mancipi* ou, pour poser la question d'une façon pratique, pourquoi ces choses-là doivent-elles être mancipées, pourquoi la femme en tutelle ne peut-elle les aliéner ? Voilà les points que la théorie dont nous parlons ne peut résoudre : on aura beau nous parler de l'estime

_____

(1) Cette théorie, la plus répandue aujourd'hui, a été mise en lumière par un auteur du XVIIIe siècle, Meermann, et reprise de nos jours par Savigny, Schweppe, Tigerstrom, Demangeat, Accarias.

des Romains pour l'agriculture, de l'immense valeur des
res mancipi à ce point de vue, on aura beau nous montrer
les délégués du Sénat venant offrir, au v⁰ siècle, la dictature
à Cincinnatus et le trouvant à sa charrue, tout cela doit
exciter notre admiration, mais ne nous explique pas pourquoi il fallait la mancipation pour aliéner les *res mancipi :*
nous comprendrions qu'on eût mis un moyen solennel
d'aliénation à la disposition des particuliers, nous ne comprenons pas que ce moyen fût exigé. Quelle que soit la
valeur que l'on suppose aux *res mancipi*, cela ne justifie
nullement à nos yeux l'exigence de la mancipation, c'est-à-
dire la présence du peuple tout entier, lorsqu'on voulait
vendre un bœuf ou un esclave.

Nous exposerons en dernier lieu les systèmes qui re-
cherchent la raison d'être des *res mancipi* dans l'état de
la propriété chez les Romains : ce point de départ a donné
lieu à diverses conceptions entièrement différentes les unes
des autres.

Giraud (1) croit que les *res mancipi* étaient les seules qui
fussent susceptibles de propriété quiritaire. Il constate d'a-
bord que divers objets ne sont pas susceptibles de propriété
romaine, entre autres les « possessiones » les « fundi pro-
vinciales » puis il ajoute : « Cette distinction entre les
« différents objets de l'appropriation contribua plus tard à
« introduire dans la jurisprudence la propriété naturelle
« en face de la propriété civile; mais avant qu'elle eût pro-
« duit cette révolution, laquelle exerça elle-même une in-
« fluence marquée sur la distinction des *res mancipi* et
« *nec mancipi*, il paraît que le caractère positif de ces der-
« nières était de n'être pas susceptibles de propriété ro-
« maine. Cette explication semble répondre à toutes les
« difficultés de la question et la résoudre. En effet : 1⁰ Ci-
« céron identifie les *res mancipi* et les *res censui ven-
« sendo ;* 2⁰ les « fundi italici » sont *mancipi*, parce qu'ils

(1) Giraud, *Recherches sur le droit de propriété*, p. 222.

« sont susceptibles de propriété romaine ; 3° les choses
« incorporelles qui ne sont pas susceptibles de mancipation
« sont également *nec mancipi :* il n'y a d'exception que
« pour *quelques* servitudes rurales (1). »

Malgré l'affirmation de l'auteur cité, nous croyons que
son explication ne résout aucune difficulté. Nous avons
déjà examiné le texte de Cicéron auquel il fait allusion (2),
et nous avons vu qu'il identifie simplement les fonds *res
mancipi* avec les fonds italiques, ce qui est parfaitement
exact ; il n'identifie pas les *res mancipi* avec les *res censui
censendo ;* et alors même qu'il le ferait, cela ne prouverait
pas que les *res mancipi* soient seules susceptibles de propriété quiritaire ; cela prouverait simplement qu'elles sont
les seules choses imposées et déclarées au cens.

Les fonds provinciaux ne sont pas *res mancipi* parce
qu'ils ne sont pas susceptibles de propriété, c'est très vrai ;
mais cela prouve-t-il que toutes les autres *res nec mancipi*
ne soient pas susceptibles de propriété ? Un tel raisonnement
serait des plus vicieux.

Enfin, il est facile de prouver directement la fausseté
de cette théorie. Elle n'est évidemment pas admissible
pour l'époque classique, plusieurs textes la contredisent.
Gaius (3) nous montre le vin, l'huile, le blé, l'argent
monnayé susceptibles de propriété quiritaire, et pourtant
toutes ces choses sont *nec mancipi.* Ulpien dit également
que, pour léguer « per vindicationem » les « res quæ
« numero, pondere, mensurâve constant », il suffit qu'elles
soient dans le *dominium* du testateur, c'est-à-dire dans sa
propriété quiritaire, au moment du décès (4) : or toutes les

(1) Nous avons montré au contraire que *toutes* les servitudes
rurales sont *res mancipi,* sans exception.

(2) Cic., *Pro Flacco,* 32. « Illud quæro sintne ista prædia censui
« censendo; habeant jus civile, sint necne sint mancipi ? »

(3) G., II, 196. « Sed eas quidem, quæ pondere, numero, mensu-
« râve constant, placuit sufficere si mortis tempore *sint ex jure
« Quiritium* testatoris veluti *vinum, oleum, frumentum, pecunia
« numerata.* »

(4) Ulp., XVIV, 7.

choses « quæ numero, pondere continentur » sont évidemment *res nec mancipi ;* aucune des *res mancipi* ne peut
rentrer dans cette définition.

D'autre part, il est certain que l' « in jure cessio »
s'applique aussi bien aux *res nec mancipi* qu'aux *res
mancipi.* « In jure cessio quoque communis alienatio est
« et mancipi rerum et nec mancipi (1) ». Or quelle est la
formule de l' « in jure cessio » ? il n'y en a qu'une, la même
pour toutes les choses, c'est à peu près celle de la mancipation : « Hanc ego rem meam esse aio *ex jure Quiritium* (2) ».

Donc, pour l'époque classique aucun doute n'est possible :
les *res nec mancipi* comme les autres sont susceptibles de
propriété quiritaire.

En put-il être autrement aux époques précédentes ? nous
ne le croyons pas. Il y avait à Rome, on le sait, deux sortes
de propriétés : le « dominium ex jure quiritium, » ou propriété quiritaire, et l' « in bonis habere, » ou propriété
bonitaire. Si les *res mancipi* n'étaient pas susceptibles de
« dominium, » quelle était leur situation ? Seraient-elles
« in bonis ? » Il y a, en effet, des cas où cela peut se présenter : il peut arriver qu'on ait l'exception « rei venditæ »
et la Publicienne pour une chose *nec mancipi,* qu'on ait par
suite la propriété bonitaire de cette chose (3) ; mais ce n'est
pas là l'état normal des *res nec mancipi.* Alors les *res nec
mancipi* n'auraient été susceptibles d'aucune propriété ?

Le même raisonnement s'applique avec plus de force
encore à l'époque primitive, car alors il n'y avait, Gaius
nous l'apprend, qu'une seule espèce de propriété. « Quo
« jure etiam populus romanus olim utebatur : aut enim
« *ex jure Quiritium* unusquisque dominus erat, aut non

(1) Ulp., xix, 9.
(2) Nous pourrions citer encore d'autres textes en ce sens :
« Harum rerum (nec mancipi) *dominia* ipsa traditione adprehen-
dimus. Usucapione *dominia* adipiscimur tam mancipi rerum *quam
nec mancipi.* » (Ulp., xix, 7 et 8.)
(3) C. Appleton, *Histoire de la Propriété prétorienne.* Paris, 1889,
t. II, p. 205.

intelligebatur dominus (1). Si donc on n'était pas propriétaire « ex jure quiritium » des *res nec mancipi*, on n'en
était pas propriétaire du tout. Voilà ce que nous ne pouvons
admettre (2) ; car, du moment que la propriété privée a
existé, rien ne nous autorise à croire qu'elle ne se soit pas
étendue aux *res nec mancipi*. Quelle eût donc été leur
situation ? Une sorte d'état de fait, dit-on, une simple possession. Cet état de fait qui n'est protégé par aucune action,
qui ne donne aucun droit, n'est corroboré par aucune
preuve, nous paraît trop peu pratique pour que les Romains
aient pu s'en contenter.

Un système qui a quelque rapport avec le précédent est
celui de M. Michel (3), qui soutient que les *res mancipi*
furent non pas les seules susceptibles de propriété quiritaire, mais les seules, à une certaine époque, susceptibles de
propriété privée, les premières qui échappèrent à la collectivité. Ce système n'est guère vraisemblable ; nous l'exposerons néanmoins, parce qu'il est précisément l'opposé de
la théorie qui nous paraît la plus vraie, et que ce sera déjà
établir celle-ci que de réfuter celui-là.

L'auteur cité part, et nous partons également d'un fait
incontestable, l'existence de la co-propriété à Rome, dans
les temps primitifs. Ce fait historique est établi, soit par
l'induction de ce qui s'est passé et se passe encore chez les
autres peuples, soit par le témoignage des auteurs.

L'existence de la propriété collective est un fait commun
à toutes les civilisations naissantes ; elle existait chez les
Gaulois, César le constate : « Nul, dit-il en parlant des
« Suèves, ne possède un héritage en particulier ni ne
« demeure dans le même lieu deux ans de suite. » En
Germanie existait aussi le territoire commun du *clan* appelé

---

(1) Gaius, II, 40.

(2) On invoque à tort la situation des fonds provinciaux qui ne
sont susceptibles d'aucune propriété. Cette situation, nous l'avons
dit, fut créée bien plus tard dans un but fiscal.

(3) Léon Michel, *Des Res mancipi et nec mancipi*. Th., Paris, 1876.

Mark ou *Allmend*, *Allmennings maark* chez les Scandinaves, *Folcland* chez les Anglo-Saxons, *Gereiden* en Alsace ; il comprenait les terres cultivées, le pâturage, la forêt, les eaux. On avait égard, dans le partage, au nombre et à la dignité des co-partageants (1). La propriété collective existait aussi, c'est un fait bien connu, chez les Hébreux, où, tous les cinquante ans, le Jubilé ramenait le partage des terres.

Si de l'antiquité on passe aux temps plus modernes, on retrouve aussi de nombreux exemples de propriété collective. Les premiers explorateurs de l'Amérique la trouvèrent au Mexique et au Pérou. Au Mexique, la terre était assignée à des communautés de familles en proportion du nombre de familles que chacune contenait. La culture se faisait en commun et les récoltes étaient distribuées à chaque famille suivant ses besoins. La terre se divisait en trois parties : l'une réservée au culte, l'autre aux services publics, la troisième partagée chaque année entre les familles suivant la dignité et les besoins de chacune (2).

Enfin, la copropriété n'a pas encore disparu : elle existe actuellement à Java, où la terre est commune ; les maisons et le jardin qui les entoure sont propriété privée. On la retrouve également dans l'Inde et chez les Arabes : ainsi, dans certaines tribus des environs de Constantine, les terres sont annuellement réparties par le cheik. La propriété collective a reçu une organisation toute spéciale dans la Grande-Russie (3) ; c'est la communauté de village appelée le Mir Russe. La terre est commune entre les habitants et l'on forme des lots qui sont tirés au sort entre les co-partageants. Les forêts et les pâturages ne sont point partagés. On garde aussi en réserve une partie du terrain afin de pouvoir toujours doter les nouveaux ménages qui se

(1) E. de Laveleye. *De la Propriété et de ses Formes primitives*. Paris, 1882, p. 76.

(2) Bonfante, p. 280.

(3) De Laveleye, Ibid., p. 17-19.

formont ; on évite ainsi les partages trop fréquents (1).

Tous ces faits montrent qu'à l'origine de chaque civilisation et chez les nations les plus diverses de race et de caractère, on retrouve la propriété collective. Nul doute qu'elle n'ait existé à Rome et chez les peuples qui l'ont précédée. Poètes et historiens sont d'accord sur ce point : les poètes chantent l'âge d'or, les temps heureux où les terres n'étaient pas divisées, où les champs n'avaient pas de limites (2).

D'après Festus, Varron et Pline, c'est Romulus qui aurait opéré le partage des terres, chacun ayant reçu deux arpents (3) ; par contre, Plutarque, Denys d'Halicarnasse et Cicéron disent que le partage est dû à Numa Pompilius, mais Denys d'Halicarnasse ajoute que Romulus fit un partage entre les trente curies. D'où il paraît résulter qu'il y eut deux partages successifs : l'un, à l'origine, ré-

---

(1) Le partage se faisait soit par tête, soit par *tinglo* (autrefois groupe d'un certain nombre de travailleurs, — actuellement couple marié). De Laveleye, *loc. cit.*

Observons encore que dans l'antiquité la tradition du partage se retrouve chez les Grecs, les habitants des Cyclades, de Ténédos, de Lesbos, en Sardaigne, dans le Péloponèse, à Thèbes, à Leucade. *Ibid.*

(2)　Ante Jovem nulli subigebant arva coloni ;
　　　Ne signare quidem aut partiri limite campum
　　　Fas erat.　　　　　　　　　(Virgile, *Georg.*, 1, v. 125.)
　　— Quam bene Saturno vivebant rege, priusquam
　　　Tellus in longas est patefacta vias !
　　　． ． ． ． ． ． ． ． ． ． ． ． ． ． ． ． ． ． ． ．
　　　Non domus ulla fores habuit ; non fixus in agris,
　　　Qui regeret certis finibus arva, lapis.
　　　　　　　　　　　　　　(Tibulle, 1, Elég., III., v. 35.)

V. Gauckler, *Recherches sur la Propriété collective à Rome.* Th., Nancy, 1883.

(3) « Centuriatus ager in ducena jugera definitur quia Romulus « centenis civibus ducena jugera tribuit. » (Festus. V° *Centuriatus.*) — « Bina jugera quod a Romulo primum divisa viritim, quae heredem sequerentur, heredium appellarunt. » (Varron, *De Re Rust.*, 1, 10.) — « Bina tunc jugera populo romano satis erant, « nullique majorem modum attribuit. » (Pline, *Hist. Nat.*, XVIII., 2.)

partit les terres entre les curies, suivant les uns, entre les
« gentes, » suivant les autres ; le second, sous Numa,
divisa entre les familles, c'est-à-dire, en réalité, entre les
chefs de famille, les terres formant la propriété collective
de la « gens » qui n'est, en somme, qu'une grande famille (1).

Mais, de tout cela, que résulte-t-il pour l'origine des *res
mancipi* ? Les *res mancipi*, dit M. Michel, sont les premières qui, échappant à la collectivité, ont été susceptibles de propriété privée. Mais pourquoi ces choses-là sont-
elles devenues objets de propriété privée avant les autres ?
Parce que, toujours suivant le même auteur, la famille
avait à Rome une importance considérable, parce que toute
son organisation tendait à la rendre stable, à lui conserver
ses biens, et cela dans un but religieux, afin de perpétuer
la religion, le culte de la famille, le « Sacra Privata. »
Nous citons : « Donc les premières choses qui ont été
« soustraites à la collectivité et soumises à un droit de
« propriété étaient celles dont la possession privative inté-
« ressait le développement de la famille et sa perpétuité.
« *Les autres choses restèrent collectives* ; mais comme
« la jouissance en suppose un exercice privatif, elles étaient
« soumises à une possession, état de fait plutôt que de
« droit. » ..... « Or, si on admet que le caractère saillant
« des *res mancipi* est le caractère familial qu'elles pré-
« sentent, se rattachant toutes intimement par leur usage
« et leur fin à la perpétuité de la famille, n'est-il pas logi-
« que de conclure que ces choses sont les premières qui
« ont été soustraites à la collectivité, les premières pour
« lesquelles le fait de la possession se soit converti en

(1) La *gens* comprenait tous ceux « qui inter se eodem nomine
sunt. » Elle comprend la *Domus* (paterfamilias et tous ses descen-
dants par les mâles, et ses esclaves), l'*Agnatio* (tous ceux qui
descendent du même ascendant mâle par les mâles), la *Gentilitas*
(tous ceux qui ont le même nom et, en outre, les affranchis et les
clients). M. Appleton, *à son cours*.

« droit de propriété : ce furent les choses de propriété
« *res mancipi.* »

Enfin, pour expliquer les différences pratiques qui existent entre les deux classes de choses, le même auteur
ajoute que la propriété finit par s'étendre à tous les
objets, « seulement les mêmes raisons qui avaient fait
« créer pour les *res mancipi* le « dominium ex jure quiri-
« tium » devaient maintenir, après l'extension du « domi-
« nium, » à toutes choses, une distinction essentielle entre
« les *res mancipi* et *nec mancipi;* la conséquence la plus
« importante de cette distinction est une différence dans
« les modes d'acquisition. »

Mais cela ne nous explique pas la nécessité de la mancipation pour aliéner les *res mancipi;* d'ailleurs, outre que
cette idée du caractère familial des *res mancipi* nous paraît
un peu nébuleuse, ce système a le tort d'être en contradiction avec les probabilités et la vérité historique.

S'il est vrai que les *res mancipi* sont importantes pour
assurer l'existence de la famille, elles ne suffisent pas :
les troupeaux ont, à ce point de vue, une égale importance; et si, avec les champs, on met dans cette classe les
servitudes rurales qui aident à l'exploitation, pourquoi
n'y pas mettre la charrue qui sert à les labourer, les armes
qui servent à les défendre contre les incursions des tribus
voisines (1)?

Admettons, d'autre part, que les *res mancipi* échappent
les premières à la collectivité : voilà donc les terres, les
esclaves, les bœufs, etc... divisés définitivement et sous-
traits à ces partages périodiques qui accompagnent la
propriété collective. Mais, pendant ce temps, que devien-

(1) *Non obstat* le mot « Familia » qui désigne soit l'ensemble des
esclaves, soit l'ensemble du patrimoine. Dans le premier sens il
indique bien une relation des esclaves avec la famille, mais des
esclaves seuls, — dans le second une relation du patrimoine avec la
famille, mais du patrimoine tout entier. Bonfante dit cependant
qu'à l'origine *Familia* et *pecunia* indiquent respectivement *Res m.*
et *res nec m.*

nent les autres choses, les instruments aratoires, les armes,
les vêtements, les véhicules, les troupeaux de toutes sortes? Tous ces objets, dit-on, sont soumis à une simple
possession, état de fait plutôt que de droit ; mais en quoi
consiste cette possession? Qui la protège? Est-elle perpétuelle, vient-elle de partages périodiques? Ceci est inadmissible. Tout ce système repose sur une idée complètement fausse, ainsi que nous allons le montrer.

§ 2. — LES RES MANCIPI OBJET DE PROPRIÉTÉ
COLLECTIVE

I. — Nous partons, nous aussi, d'un fait indéniable,
l'existence à Rome et chez les peuples qui l'ont précédée
de la propriété collective. Mais notre conclusion est entièrement opposée à la précédente.

Nous ne reviendrons pas sur les preuves que nous avons
données de l'existence de cette copropriété ; il eût été fort
étonnant que le développement de la propriété n'eût pas
suivi là une marche semblable à celle qu'il suit à l'origine
de toutes les civilisations. Remarquons cependant que la
marche de la propriété collective comprend en général
trois phases : la copropriété de la famille, d'abord ; —
puis, lorsque la famille en grandissant est devenue tribu,
nation, la copropriété de la nation ou Etat ; — enfin, lorsque, l'Etat s'étant développé, la propriété collective devient
une gêne et entrave l'agriculture et le commerce, on fait
entre les familles un partage définitif et l'on revient à la
copropriété de la famille.

Or, de ces trois phases, Rome n'en a connu que deux,
les deux dernières (1). Rome, en effet, n'a pas été fondée

(1) A. Bérard. *Des res mancipi et nec mancipi*. Th., Lyon, 1882.

par une seule famille ou par quelques familles, mais par
plusieurs tribus déjà organisées, ou tout au moins par divers éléments tirés de ces tribus (1). En d'autres termes,
dès son origine, Rome fut une nation. Par suite, la première copropriété qu'elle ait connue, est celle de l'Etat.

Mais, par ce fait même que, dès l'origine, la copropriété
romaine fut universelle subjectivement, c'est-à-dire s'étendit à la nation entière, elle ne dut jamais être universelle
objectivement, c'est-à-dire que jamais elle ne dut s'étendre à tous les objets sans exception.

On comprend, en effet, que dans une famille encore
restreinte et dans son premier développement, tous les
membres de la famille soient copropriétaires non seulement
des terres, des animaux domestiques, des esclaves, mais
encore des troupeaux, des instruments aratoires, des armes
et autres objets mobiliers. Mais dès que la famille, en se
développant, devient tribu, sans même qu'elle soit assez
considérable pour s'appeler nation, la copropriété doit cesser
d'étendre son domaine sur les objets mobiliers qui n'ont
d'utilité que pour celui qui s'en sert et n'intéressent pas
l'existence de la tribu, ou du moins ne sont pas d'une utili-
sation générale. Les récoltes, qui sont le fruit du travail,
aussi bien que de la terre, et servent uniquement à la
consommation, furent probablement toujours la propriété de
la famille qui les recueillait sur le lot de terre à elle attribué
par le partage. Les vêtements, qui n'avaient d'ailleurs à ces
époques reculées qu'une valeur minime, furent les premiers
objets de propriété privée ; ils durent l'être dès l'origine.
Puis ce fut le tour des armes, auxquelles les guerriers de
tous les temps et de tous les pays ont attaché un si haut

---

(1) Les Romains sont formés de la réunion de trois races : les
Latins (Ramnenses), — les Sabins (Titienses), les Etrusques (Luceres).
— Servius Tullius était un chef étrusque du nom de Mastarna. —
Chaque tribu fut divisée en dix curies dont chacune eut son nom
propre, son temple, son culte. Chaque curie comprenait un nombre
variable de « Gentes. »

prix d'affection et de souvenir (1). Les instruments aratoires (objets du reste sans grande valeur), durent suivre le même sort ; ensuite les troupeaux de petits animaux (pecudes) qui ne servent pas à l'agriculture et ne donnent que des produits de consommation ou servent eux-mêmes à la consommation (2).

Ces objets une fois enlevés à la collectivité, que lui reste-t-il sinon la terre, — les bêtes de somme, — les esclaves, — les maisons, c'est-à-dire les *res mancipi ?*

Telle dut bien être la copropriété de la Rome primitive, ou tout au moins des peuples qui l'ont précédée et dont elle a été formée : ces peuples, quand Rome fut fondée, en étaient à cette phase de la propriété collective qui s'appelle la copropriété de l'Etat. Ils ne connaissaient plus, et depuis longtemps, la copropriété des armes, des troupeaux et autres objets mobiliers, dont la propriété collective est impossible chez un peuple déjà formé. Mais la nation était copropriétaire des choses qui chez tous les peuples restent les derniers objets de la propriété collective, c'est-à-dire les fonds de terre et leurs accessoires les bêtes de somme et les esclaves (3).

Par conséquent, nous croyons que, bien loin d'être les premières sorties de la collectivité, *les res mancipi sont au*

(1) Les héros d'Homère, comme plus tard ceux de la Chanson de Roland, sont vivement attachés à leurs armes et ils expliquent eux-mêmes ce sentiment en racontant les exploits qu'ils ont accomplis par elles et les personnages illustres à qui elles ont appartenu.

(2) Il est probable que, même au temps où les troupeaux faisaient encore l'objet de partages périodiques, les particuliers devenaient propriétaires non seulement des produits, laines, laitage, etc..., mais encore du croît des animaux. C'était un acheminement vers la propriété privée du troupeau lui-même.

(3) Chez les nomades de l'Oural, la copropriété de la tribu comprend *tous les bestiaux* ainsi que *la terre.*

Dans le Mir Russe, *tous les immeubles*, sauf l'*isba* et le jardin qui l'entoure, sont communs. Quant aux autres objets, même meubles, ils font partie de la copropriété de la famille.

A Java la copropriété comprend *le sol.*

contraire les choses qui, les dernières de toutes, firent partie de la copropriété de l'Etat et ensuite de la famille.

La chose est certaine en ce qui concerne les fonds de terre, puisque les auteurs rapportent que Romulus et Numa firent un partage des terres et les distribuèrent par lots d'un certain nombre de « jugera. » Donc, à l'origine de Rome, les terres étaient encore propriété collective, c'est un fait indéniable (1). En est-il de même pour les autres *res mancipi* ? Sur ce point, les textes sont muets : mais si l'on veut bien y réfléchir, on verra qu'elles sont toutes un accessoire du fonds et qu'elles ont dû suivre le même sort.

Les maisons, à cette époque, n'avaient qu'une médiocre importance, et tout porte à croire qu'en donnant dans les partages périodiques, un lot de terre, on donnait en même temps les bâtiments d'exploitation que ce lot comprenait. César ne dit-il pas que chez les Suèves, nul n'habite deux années de suite le même endroit ? Et si la maison d'habitation échappa de bonne heure à la copropriété de l'Etat, elle resta longtemps encore la propriété collective de la famille.

Il en était de même pour les bêtes de somme qui ne servent qu'à l'exploitation des terres et ne sont point en principe objets de consommation. Ce ne sont que des accessoires du fonds, qui n'est pas complet sans les animaux nécessaires à la culture. De nos jours encore, ne voit-on pas les bêtes de somme et de trait considérées comme accessoires du sol à tel point qu'elles participent de sa nature juridique, et deviennent immeubles quand elles sont attachées à l'exploitation ?

Les esclaves, eux aussi, sont à l'origine attachés sans exception à la culture : ce n'est que plus tard, quand la

(1) N'est-ce pas une trace significative de cette copropriété que le droit pris par l'Etat sur les terres conquises? Il en laissait une partie aux vaincus, distribuait une autre aux citoyens, mais gardait la propriété d'une troisième partie, dont il ne concédait que la jouissance moyennant une redevance annuelle appelée *vectigal.*

civilisation fut plus avancée et qu'en même temps la plaie
de l'esclavage eut pris un énorme développement, qu'on
vit des esclaves attachés uniquement au service de la personne du maître, des esclaves musiciens, comédiens et
même précepteurs. Mais, à l'origine, leur seul office est de
cultiver la terre. En outre, ce sont le plus souvent des
prisonniers de guerre : rien d'étonnant dès lors à ce que
l'État s'en soit réservé la propriété, puisqu'il était en
général propriétaire du butin.

Quant aux servitudes rurales, elles sont l'accessoire du
fonds, elles ne peuvent exister sans lui, elles suivent nécessairement sa condition.

Bonfante dit aussi « que la catégorie des *res mancipi*
« se constitua comme une inéluctable nécessité dans la
« première société latine : la terre destinée à la culture
» (non celle destinée aux pacages, qui est propriété de la
« *gens* ou de la cité) ; — le toit commun, ou plutôt le
« corps commun d'habitation ; — le très précieux et très
« rare instrument intelligent, l'esclave ; — le plus puis-
« sant instrument matériel, le bœuf sacré ; — les autres
« instruments animés du travail agricole, domptés et as-
« servis par l'homme. Et déjà à cette époque primitive
« devaient entrer naturellement dans cette catégorie les
« services nécessaires que les territoires des différentes
« familles pouvaient se rendre entre eux ; passer, traver-
« ser avec des animaux, se pourvoir d'eau (1). »

« La catégorie des *res mancipi* est fixée et close dès
« un temps immémorial : dans l'idée la plus ancienne les
« *res mancipi* et *res nec mancipi* devaient signifier objets
« qui font partie du patrimoine familial et objets exclus du
« patrimoine familial. Les expressions *familia pecunia*
« correspondaient à *res mancipi, res nec mancipi* (2). »

Pour l'auteur cité, les *res mancipi*, on le voit, sont aussi
objets de copropriété, mais, pour lui, elles n'ont jamais été

(1) Bonf., *Res mancipi e nec mancipi*, p. 311.
(2) *Ibid.*, p. 312.

que la copropriété de la famille ou plutôt d'un groupe plus
considérable que la famille, mais moins considérable que la
gens et qu'il appelle le groupe agnatique (1). Il est bien certain que la propriété collective de la famille a existé et que les
res mancipi en étaient les seuls objets ; mais nous croyons
que la propriété collective de la nation ou tribu a existé

(1) Nous ne pouvons donner qu'une bien courte analyse des
soixante-quinze pages dans lesquelles cet auteur entoure sa théorie
de développements sans nombre.

M. Bonfante voit dans l'histoire de la propriété deux époques :

1re ÉPOQUE. — La société n'est pas encore formée, la terre n'est
pas cultivée. La propriété est individuelle et même personnelle.
Elle ne comprend que des objets servant à la personne : armes,
vêtements, ornements, cabane, etc... (Nous n'approuvons pas, ceci
soit dit en passant, les idées de l'auteur qui fait des hommes primitifs des sauvages comparables à ceux de l'Afrique centrale et de
l'Australie. Nous préférons voir dans le sauvage un homme dégé-
néré, dégradé, plutôt qu'un homme primitif. On trouvera de
magnifiques développements de cette idée dans les *Soirées de
Saint-Pétersbourg*.)

2e ÉPOQUE. — L'élément social domine sur l'élément individuel ;
la propriété est alors sociale ou collective.

L'auteur étudie ensuite l'organisation sociale : il distingue deux
organismes primitifs, l'un qu'il appelle politico national, l'autre est
l'organisme familial.

Organisme national primitif. C'est chez les Germains le *Kin* (clan),
appelé plus tard *Mark*. — Chez les races celtiques, c'est le *Clan*, qui
existe encore chez les Highlanders d'Écosse. — Chez les Slaves, c'est
le *Gmind*, le *Mir* Russe. Trait commun : tous les membres de ces
divers groupes paraissent descendre d'un même auteur.

A ces formes de l'organisme national primitif des races Aryennes
correspond chez les Romains la *Gens*, groupe puissant qui a ses
usages (mores), ses lois (decreta gentilicia), ses assemblées (con-
ciones), son culte (sacra), son chef (pater), et la juridiction sur ses
membres (nota gentilicia).

Organisme familial des races Aryennes. Il est plus étendu que la
famille romaine du droit classique. C'est l'union des familles qui
descendent d'une souche commune, disparue, mais connue.

Ce groupe chez les Germains est la *Sippe*, à laquelle on cesse
d'appartenir au bout de cinq, six ou sept générations. La Sippe
venge ses membres tués, blessés, outragés, reçoit en commun le

auparavant chez les peuples latins et que les *res mancipi*
en étaient aussi les seuls objets. D'ailleurs, que, lors de la
fondation de Rome, les terres, les esclaves, etc., fussent
encore la copropriété de la nation, ou qu'ils eussent déjà
été distribués définitivement entre les gentes ou les famil-

Wergeld, a collectivement la tutelle des impubères et des femmes,
filles ou veuves.

C'est, chez les Celtes, le *Sept* qui correspond à ce groupe familial
primitif.

L'analogue à Rome n'est ni la *Gens*, ni la famille dans son type
classique. La *Gens* est un organisme *politico-social* ; la famille dans
son type classique est un groupe plus restreint de l'organisme familial primitif. « Mais dans la société romaine, entre la *Gens* et la
« famille, se montrent les traces d'un organisme en décadence, le
« groupe des agnats. »

« Dans le droit classique, le groupe agnatique est encore une
« institution vivante, mais n'est plus un organisme social. » (Bonfante, p. 299.) L'auteur cité ajoute que ce groupe agnatique
correspond exactement aux groupes familiaux qu'il vient de décrire
pour les autres peuples Aryens ; qu'il est formé par la descendance
d'un auteur commun du sexe masculin « cujus memoria extat, »
qu'une des fonctions de ce groupe, presque la seule, reste encore
aux agnats de l'époque classique, la tutelle. (Ibid., p. 300.) Il en
recherche les fonctions, « fonction principalement de juridiction et
de vendetta. » (p. 302.)

C'est à ce groupe qu'appartenait, d'après M. Bonfante, la propriété
collective des *res mancipi*, et c'est parce qu'elles étaient propriété
collective que tout le groupe, représenté plus tard par les cinq témoins, devait assister à l'aliénation de ces choses, ou plutôt
l'approuver, la sanctionner (Bonf., p. 314). On verra que cette
explication des formalités de la mancipation diffère totalement de
celle que nous donnons plus loin ; elle n'est d'ailleurs pas satisfaisante : en effet, étant donné que le chef de ce groupe agnatique,
que l'auteur appelle Seigneur, *pater*, est investi d'un pouvoir qui se
nomme *manus* quand il s'applique aux femmes, *mancipium* quand
il s'applique aux objets de la propriété collective (*res mancipi*) ce
chef devait pouvoir aliéner seul les objets appartenant à son
groupe.

En outre, cette hypothèse n'explique pas pourquoi la mancipation est exigée entre particuliers ; elle explique seulement qu'elle
fut exigée par les aliénations ou acquisitions entre deux groupes
agnatiques différents.

les, cela importe peu, car il reste hors de doute que les *res mancipi* étaient encore objets de propriété collective alors que depuis longtemps déjà les autres objets étaient sortis de la collectivité.

Pour l'exploitation du territoire, on faisait des partages périodiques entre les familles ; puis, cet état de choses offrant avec le développement des peuples de grands inconvénients, on opéra un premier partage définitif entre les *gentes* dont chacune habita ainsi son territoire séparé et eut son patrimoine distinct. Puis, un jour vint où le développement des *gentes* obligea de faire un nouveau partage définitif entre les familles, tous les membres de la famille agnatique étant copropriétaires de tout le patrimoine ; cet état de choses dura jusqu'au jour incertain où l'usage fut établi de diviser les biens entre les familles composées d'un chef, *paterfamilias*, et des personnes sous sa puissance, et de distribuer les biens à la mort du chef de famille entre ses enfants ou ses agnats (1).

Telles sont les diverses phases par lesquelles passa la propriété collective, c'est-à-dire la catégorie des *res mancipi*, avant d'être propriété privée. A l'époque classique, il y avait des siècles que ces divers états de choses avaient disparu : et l'on comprend que les auteurs juridiques, qui n'avaient que des notions obscures des premiers temps de Rome et de ceux qui l'ont précédée, n'aient point rappelé le principe d'une distinction qui pour eux n'était que le produit inexplicable d'une législation dans l'enfance.

II. — Ce système, outre qu'il est conforme à la vérité historique, se prête fort bien à l'explication des diverses particularités qui distinguent les *res mancipi*.

C'est en rapprochant le principe de la distinction des

(1) On avait une tendance, encore à l'époque classique, à regarder les héritiers siens comme copropriétaires du patrimoine ; c'est pourquoi ils s'appelaient *heredes sui.* « Et, vivo quoque parente, quodammodo *domini existimantur* » (Gaius, II, 157). Voir en ce sens un passage analogue, mais plus étendu, du jurisconsulte Paul. (L. 11, D. XXVIII, 2.)

conséquences de cette distinction, comme nous l'avons fait pour les systèmes déjà exposés, que nous verrons si l'adaptation est possible et que nous vérifierons par cette sorte de preuve expérimentale, l'exactitude de la théorie.

En ce qui concerne d'abord le nom même de cette catégorie de choses, l'expression *res mancipi* peut recevoir dans notre opinion plusieurs explications également plausibles.

Si l'on admet que « *res mancipi* » veut dire choses de mancipation, aucune difficulté : les *res mancipi* sont celles dont on ne peut transférer la propriété que par les modes du droit civil et plus spécialement par la mancipation ; c'est là le mode ordinaire d'aliénation de ces choses : dès lors, rien d'étonnant à ce qu'on ait donné aux objets de l'aliénation le nom du mode d'aliénation. Un texte de Gaius viendrait à l'appui de cette idée : « Mancipi vero res sunt quæ « per mancipationem ad alium transferuntur : unde etiam « mancipi res sunt dictæ (1). »

Mais nous avons admis plutôt que *res mancipi* signifie choses de propriété, et cette idée s'explique fort bien dans notre opinion. L'origine du mot « mancipium » est bien « manu capere. » Mais il n'est pas besoin pour justifier cette étymologie de supposer que les *res mancipi* sont les choses prises à la guerre, comme on l'a soutenu. Le fait que l'occupation est en réalité le mode originaire d'acquisition de toute propriété suffit à l'expliquer. On peut traduire « mancipium » : choses prises avec la main, mais non pas choses prises avec violence.

Et, pour traduire *res mancipi* par choses de propriété, il n'est nul besoin non plus de supposer qu'elles furent à l'origine les seules susceptibles de propriété quiritaire. Qu'on veuille bien remarquer, en effet, que les *res mancipi* qui, selon nous, furent probablement les derniers objets rentrant dans la copropriété de l'État, formèrent ensuite la

(1) Gaius, II, 22.

seule propriété collective de la famille. En outre, les *res mancipi* peuvent et doivent se ranger en deux catégories : 1° la terre italique, le sol ; 2° ses accessoires.

Eliminons les accessoires; il nous reste la *res mancipi* type, la terre, la terre base de la propriété dans tous les temps et chez tous les peuples, chez les Germains comme chez les Latins, l'immeuble base de la propriété et seule propriété sérieuse dans notre ancienne France, la propriété par excellence encore dans notre législation actuelle, en droit du moins, sinon en fait. Pourquoi ne pas admettre dès lors qu'on ait appelé « choses de propriété » les choses qui constituaient aux premiers temps de Rome la copropriété unique de l'État ou de la famille, et qui furent peu après la propriété solide, importante des particuliers? Ne prend-on pas souvent le nom d'un genre pour indiquer l'espèce prééminente de ce genre (1)? Et, de nos jours encore, coïncidence frappante, n'avons-nous pas des expressions absolument analogues à celle de *res mancipi?* Ainsi on dit simplement acheter *une propriété,* et chacun sait que cela veut dire acheter *une terre.* D'autre part, quelle que soit la fortune mobilière d'un homme, s'il ne possède que des valeurs mobilières, on ne dira jamais de lui : c'est *un propriétaire;* au contraire, d'un homme qui possède un immeuble, on dira qu'il est *propriétaire,* quelque minime que soit la valeur de cet immeuble, et cela par suite du vieil adage « res mobilis res vilis, » par suite de cette ancienne idée que la vraie richesse, la propriété par excellence, c'est l'immeuble en général, et surtout la terre.

Rapprochons maintenant du principe que nous avons assigné à la formation de la catégorie des *res mancipi,* les conséquences de cette distinction. La plus connue et la

---

(1) On prend de même le nom de l'espèce pour indiquer l'objet par excellence. Ainsi on dit simplement *la Bible,* c'est-à-dire LE LIVRE (*Biblion*) pour indiquer le livre par excellence.

plus importante consiste dans la manière de transférer et d'acquérir la propriété de ces choses (1).

Les *res mancipi* ne peuvent pas être aliénées par les modes du droit des gens. Les modes du droit civil seuls peuvent être employés, et en particulier la mancipation, qui est la forme normale de ces choses. Or, la mancipation se compose de diverses formalités qu'il est souvent difficile de justifier et qui paraissent, au contraire, naturelles et même nécessaires dans le système que nous avons adopté. Rappelons brièvement ces formalités (2).

A l'époque classique, celle dont parle Gaius (3), neuf personnes se trouvent réunies pour la mancipation : l'acquéreur, l'aliénateur, cinq témoins, tous citoyens romains et pubères, un personnage appelé *antestatus* et un autre appelé *libripens*, lequel porte une balance d'airain et un lingot du même métal (4).

L'acquéreur saisit avec la main l'objet dont il va faire l'acquisition et dont la présence est exigée, au moins quand c'est un meuble, et prononce ces paroles sans y rien changer, à peine de nullité : « Hanc ego rem ex jure quiritium « meam esse aio, eaque mihi empta esto hoc ære teneaque « libra. » Puis, prenant le lingot d'airain, il en frappe la

(1) Nous n'avons pas l'intention, nous l'avons déjà dit, d'étudier les divers modes d'aliénation et d'acquisition de la propriété ; cela ne rentre pas dans notre cadre. La mancipation seule nous intéresse ; nous n'en disons d'ailleurs que ce qui est nécessaire pour arriver à notre but : justifier par l'étude de ses formalités l'origine que nous attribuons aux *res mancipi*.

(2) Tous les renseignements que nous donnons sur la mancipation sont tirés d'un récent et excellent travail : *De la Mancipation*, thèse pour le doctorat, par M. André Guillot. Faculté de Lyon, juillet 1800. — Cet ouvrage sera consulté avec fruit par tous ceux qui s'occupent soit de la mancipation, soit des questions qui s'y rattachent de près ou de loin.

(3) Gaius, i, 119.

(4) La composition de ce métal était à peu près la même que celle du bronze actuel.

balance et le remet à l'aliénateur à titre de paiement fictif.
La mancipation est alors terminée.

A l'époque classique, ces formalités ne subsistent plus
que par pur respect de la tradition. La balance est devenue
parfaitement inutile, le lingot d'airain également, et le « libripens » est relégué au rang de simple témoin. Il en est
de même de cet autre personnage assez mystérieux,
l' « antestatus. » En réalité donc, il y a sept témoins dont
l'un est muni d'une balance (1).

Mais il est évident qu'il n'en a pas toujours été ainsi ;
et ceux qui soutiennent que toutes ces formalités ont été
inventées par pur amour de la forme, et que la balance n'a
jamais eu d'autre but que d'être frappée par un lingot de
cuivre, sont incontestablement dans l'erreur. La mancipation, vente fictive à l'époque de Gaius, fut, à l'origine, une
vente réelle De nombreux textes le prouvent (2).

Les échanges se faisaient primitivement en nature. Plus
tard, s'introduisit l'usage d'une matière pouvant s'échan-
ger contre toute espèce d'objets, l'airain, d'abord brut (œs
rude), puis sous forme de lingots fabriqués par l'Etat,
portant une empreinte, et dont le titre seul était garanti,
mais non le poids (œs signatum). C'est pour peser l'airain
donné en paiement que l'usage de la balance s'est introduit. On s'accorde en général à dire que ce fut Servius
Tullius qui reconnut l'usage de la balance et des poids
comme mode officiel et légal d'évaluation en même temps
qu'il reconnaissait le métal (œs signatum) comme monnaie
légale. Ce fut donc lui qui introduisit le « per œs et libram
« agere » dans la mancipation. De là, probablement, l'erreur de ceux qui affirment que la mancipation et la distinc-

(1) Gaius, *Epitome*, 1, 6, 3. « Quinque testes, cives romani, in prae-
« senti erant et pro illo qui libripens appellatus, id est stateram
« tenens, et qui antestatus appellatus, alii duo ut septem testium
« numerus impleatur. »

(2) « Si pater filium ter *venum duit.* » L. des XII Tables, iv, 4.
Ulpien qualifie le « commercium » (droit de figure dans une mancipation), de « jus *emendi vendendique.* » Ulp., xix, 4 et 5.

tion des biens en *res mancipi* et *nec mancipi* sont dues à
Servius Tullius. Avec l'usage de la balance furent instituées
les fonctions du *libripens*, sorte de fonctionnaire public,
chargé de faire la pesée, d'en garantir l'exactitude (car à
défaut de paiement, la mancipation ne transférait pas la
propriété) et probablement de conserver par devers lui la
balance et les poids étalonnés. Quant à l'action de frapper
la balance avec l'airain remis en paiement, elle n'avait
d'autre but que de vérifier par le son la pureté du métal (1). Toutes les formalités dont nous venons de parler
s'expliquent donc naturellement par le fait que la mancipation était à l'origine une vente réelle, et que le paiement
se faisait en métal non monnayé. Elles auraient dû disparaître quand l'usage s'introduisit de la véritable monnaie
portant avec elle l'indication de sa valeur (aes grave) (2).
Elles se maintinrent pourtant, grâce à l'attachement bien
connu des Romains pour la tradition, grâce aussi peut-être
à la commodité que présentait la pesée du métal pour les
paiements considérables ou faits avec la monnaie des peuples voisins, dont les pièces n'avaient pas la même valeur
que les pièces romaines ; mais ce fut en général à titre de
simples formalités, la remise du lingot représentant un
paiement fictif.

Il est d'autres formalités que le caractère de vente
réelle de la mancipation primitive et l'histoire de la monnaie romaine n'expliquent pas. Nous voulons parler du

(1) Mais nous ne croyons pas qu'il soit exact de dire, comme le
fait M. Guillot, que le lingot et la balance devaient vibrer à l'unisson
si le métal était pur. Il est évident que le large et mince plateau
d'une balance rendait un son plus grave que le lingot ; de même
que deux cloches d'un métal identiquement composé, ne donneront
l'unisson que si elles ont mêmes diamètres, hauteur et épaisseur de
parois. Si le libripens reconnaissait au son la pureté du métal,
c'était par habitude : il suffisait pour cela d'avoir de l'oreille et un
peu de pratique.

(2) Cette réforme est probablement l'œuvre des décemvirs. En
tous cas, l' « aes grave » est sûrement en usage dès la loi des XII
Tables.

fait par l'acquéreur de saisir l'objet avec la main et de la présence des cinq témoins et de l' « antestatus. » Ces deux particularités sont bien antérieures au « per æs et libram « agere ; » à l'origine, elles constituaient toute la mancipation. Cette cérémonie n'est alors que la main-mise opérée par l'acquéreur sur l'objet en présence du peuple, qui fut remplacé plus tard par les témoins.

Cette main-mise, nous l'avons dit, ne prouve en rien que la mancipation fût l'image de la guerre, ni que les *res mancipi* fussent les choses prises à la guerre. Il n'y a là aucune violence, aucune lutte simulée, rien d'analogue à la « manuum consertio » de la revendication ; non, l'acquéreur affirme son droit simplement : le vendeur le reconnaît par son silence. Si, pour affirmer son droit par le geste en même temps que par la parole, l'acquéreur met la main sur la chose, c'est parce que le droit de propriété est fondé sur l'occupation.

Reste à expliquer la présence à la mancipation des cinq témoins et de l' « antestatus. »

A part ceux dont l'opinion inadmissible fait des *res mancipi* et de la mancipation des institutions créées de toutes pièces par un acte législatif qu'ils rapportent à Servius Tullius, ou même à une époque postérieure, — on est en général d'accord pour reconnaître que les cinq témoins ne sont que le reste ou plutôt la représentation d'une assemblée plus nombreuse, le peuple, qui assistait tout entier à la mancipation primitive. Pourquoi la présence du peuple à un simple acte d'aliénation? Chacun, suivant le système qu'il adopte sur l'origine des *res mancipi*, fait naturellement une réponse différente. Aucune n'est complétement satisfaisante.

Pour ceux qui font des *res mancipi* les choses les plus importantes pour les premiers Romains, et spécialement au point de vue de l'agriculture, l'Etat intervenait à l'aliénation soit pour lui donner un plus grand caractère de certitude, soit pour en garantir les effets par son autorité. C'est l'opinion de M. Accarias : on voulut que l'aliénation des *res mancipi*, qui sont les plus précieuses pour un peuple agriculteur, fût non pas plus difficile, mais eût un plus grand caractère de certitude. C'est aussi l'idée que Maynz exprime en des termes différents : « On maintint jusque « sous l'Empire le principe que la propriété des choses qui « originairement avaient constitué la principale richesse « du citoyen, ne pouvait être transmise que sous la garantie « de la nation même ou de l'autorité constituée, c'est-à-dire « par mancipation ou cession *in jure* (1). »

Cela est contraire à la vraisemblance. Quelle que fût l'importance des *res mancipi* relativement à l'agriculture, on ne nous persuadera pas que cette idée seule fût assez forte pour obliger un particulier à réunir toute la tribu, toute la nation, lorsqu'il voulait vendre ou acheter le moindre lopin de terre, la moindre bête de somme.

Cela se faisait pourtant, dira-t-on, pour le testament, pour l'adrogation : il fallait pour ces actes juridiques l'assistance du peuple entier. Oui, mais le motif est tout autre. L'adrogation fait changer de famille une personne « sui juris » : l'adrogé avec tous ses biens, avec toutes les personnes sous sa puissance, passe sous la puissance de l'adrogeant. De même, au cas de testament, c'est un patrimoine entier qui va changer de mains. Dans les deux cas, c'est le culte d'une famille qui va s'éteindre, ce sont les « sacra privata » qui vont passer à un autre pontife. Et comme jamais, ni chez aucun peuple, il n'y eut union plus complète de la religion et de l'État, on comprend à quel point ces changements intéressent la nation; on comprend qu'elle soit appelée tout entière à donner son assentiment.

Dans les *res mancipi* rien de semblable. En quoi leur aliénation intéresse-t-elle le peuple? Quelle que soit leur valeur aux temps primitifs, leur aliénation n'intéresse que les particuliers qui achètent ou vendent. Il est inadmissible, nous le répétons, que le peuple dût se réunir à chaque

---

(1) Maynz, *Traité du Droit romain*, t. I, p. 082.

instant pour ces ventes s'il n'y avait pas d'autre motif que
la valeur des choses.

Inadmissible aussi nous paraît l'explication que donne
M. Guillot de la présence du peuple à la mancipation. Pour
lui, la nation paraît dans le but de garantir l'acquéreur
contre le vendeur, contre toute réclamation ultérieure. Il
invoque d'abord en ce sens « l'étymologie du mot « testis »
« qui signifie *aide, garant, assistance,* et qui vient de la
« racine sanscrite TARS qui répond à l'idée de soutenir,
« de protéger (1). » Cette étymologie ne prouve nullement
que le peuple fût là pour garantir la vente : les témoins ne
prêtent-ils pas aide et assistance par leur présence, ne
promettent-ils pas d'aider les contractants de leur témoignage en cas de contestation ? Cela suffit à justifier l'étymologie dont le sens est d'ailleurs assez vague.

Le même auteur invoque un autre argument reposant
sur cette idée que le fondement de la propriété c'est la
force, l'occupation, mais l'occupation violente. Il fait des
premiers Romains un peuple à moitié sauvage s'emparant
de tout par la force « même de leurs épouses (2). » Puis
il ajoute : « L'occupation violente a donc certainement été
« pour les premiers Romains le mode primitif et originaire
« d'acquisition. Au début, elle existe probablement à l'état
« de fait avant d'être reconnue légalement comme institution
« juridique et d'être entrée dans le domaine du droit. Mais
« de bonne heure, avec les progrès de la civilisation, on
« sentit la nécessité de régulariser ce mode d'acquérir..... »
Nous le croyons sans peine et nous comprenons parfaitement qu'avec une telle conception du droit de propriété
« des contestations nombreuses et sans fin ne peuvent
« manquer de s'élever sur la propriété de toutes choses ; »
et c'est pour éviter ces conséquences fâcheuses, et assurer

(1) A. Guillot, *De la Mancipation,* p. 84, note 1.
(2) Chacun sait combien les débuts de Rome sont obscurs et
combien la vanité des Romains ajouta de légendes aux faits historiques. L'enlèvement des Sabines et l'existence même de Romulus
sont des plus contestés.

la sécurité dans les transactions « qu'on dut décider qu'à
« l'avenir toute acquisition aurait lieu publiquement ; de
« ce jour date la mancipation ancienne. L'acquéreur sai-
« sissait la chose et affirmait son droit en présence du
« peuple entier, qui intervenait non pas seulement comme
« témoin pour servir de moyen de preuve, mais afin de
« donner à l'acte son efficacité juridique et en qualité de
« garant. »

Nous ne pouvons accepter ce système qui nous paraît
contraire à toute vraisemblance. Il nous fait les Romains
beaucoup trop pillards, beaucoup trop brigands ; il oublie
que les fondateurs de Rome sont issus de tribus dès longtemps assises sur le sol Latin et déjà civilisées. Jamais, si
les vieux Quirites avaient été ce qu'on les fait, gens de sac
et de corde, se volant les uns les autres, jamais Rome n'eût
vu le jour : les loups se mangent entre eux, en dépit du
proverbe ; les brigands ne fondent pas des Empires.

D'ailleurs, voit-on ce peuple à demi-sauvage se ressaisis-
sant tout-à-coup, et dans un jour de sagesse, fondant la
mancipation avec ses formes réfléchies et déjà compliquées ?
Encore une fois, est-ce vraisemblable, est-ce possible ?

Ce système a, en outre, le défaut de ne pas justifier assez
l'assistance du peuple à la mancipation. Si les Quirites
avaient l'habitude de se voler les uns les autres, il n'était
pas nécessaire, pour mettre fin à cet état de choses, que le
peuple assistât à chaque aliénation, ce qui n'eût pas, du
reste, mis fin aux contestations : il fallait et il suffisait que
le peuple se réunit une fois pour édicter une loi punissant
d'une part les déprédateurs et ceux qui revendiquaient à
tort, d'autre part, ceux qui ne recouraient pas à la justice
mais à la force pour faire respecter leurs droits.

Ajoutons que, si la mancipation avait eu pour but de
faire cesser des contestations de propriété, elle aurait conservé la trace de ces contestations. L'esprit logique des
Romains autorise cette supposition. N'en avons-nous pas
un exemple dans la « manuum consertio » de la revendication ? le jugement a eu pour but dès l'origine de mettre

fin à une lutte : cette lutte existera dans la procédure ; vraie à l'origine, elle est simulée ensuite. Rien de semblable dans la mancipation, aucune lutte symbolique, aucune violence : occupation paisible de l'objet et affirmation du droit par l'acquéreur, silence de l'aliénation, c'est le tout.

Enfin, et c'est notre dernier argument, si l'on admet ce système, il devient impossible de comprendre pourquoi les *res mancipi* doivent seules être aliénées par mancipation. C'étaient les plus importantes, dit-on, c'est vrai ; mais il est évident que, grâce précisément à cette importance, la propriété devait en être plus connue, la possession moins contestable, qu'il était bien plus facile d'élever des doutes sur la possession des *res nec mancipi*, de quelques moutons, de quelques objets aratoires faciles à voler, tandis qu'on ne volait pas un fonds de terre sans une occupation violente qui eût bien vite ameuté la tribu et mal tourné pour l'envahisseur ?

Pour nous, au contraire, l'assistance du peuple à l'aliénation des *res mancipi*, et des *res mancipi* seules, se justifie parfaitement, aussi bien que plus tard l'introduction des témoins en remplacement du peuple.

Il était naturel que le peuple entier fût présent lorsqu'on aliénait une *res mancipi* : disons mieux, il eût été fort étonnant qu'il n'y fût pas, et nous aurions peine à comprendre les motifs d'une telle abstention. Mais le peuple est-il là pour garantir l'aliénation, pour témoigner, pour certifier ? Non pas ; il est là pour *consentir*. Il assiste non à titre de témoin, d'aide, de garant, mais à titre de *propriétaire*. Ceci ne demandera que de courtes explications.

Lorsque Rome se fonda, la propriété collective se trouvait chez les peuples latins à cette seconde phase qui s'appelle la copropriété de l'Etat. Depuis longtemps déjà les objets peu utiles à la communauté avaient échappé à la copropriété de l'Etat, si même ils lui avaient jamais appartenu. La nation n'était donc propriétaire que des choses utiles à la collectivité, le sol et ses principaux accessoires,

les *res mancipi* en un mot ; mais de ces objets-là la nation
était seule et unique propriétaire. Cependant, pour que l'on
pût se livrer à une exploitation profitable, il fallait la division du territoire : de là des partages périodiques des *res
mancipi* attribuées à chacun pour un certain délai, après
lequel, de plein droit, la possession privative prenait fin et
tout le territoire se trouvait de nouveau réuni en un seul
bloc que l'on partageait encore.

Il fallait évidemment le consentement de tout le peuple,
c'est-à-dire une loi, pour opérer ce partage qui devait rester
immuable pendant toute la période pour laquelle il était
fait. Mais que, dans cette période, un chef de famille se
trouvât dans la nécessité d'aliéner une de ces *res mancipi*
à lui attribuées, fallait-il le lui interdire ? C'eût été rigou-
reux ; fallait-il le lui permettre librement et sans contrôle ?
C'eût été illogique et dangereux. Il n'était pas possible
qu'un particulier vînt, de son autorité privée, modifier l'ordre établi par le peuple. Puis, quand viendrait le moment
d'un nouveau partage, il faudrait que chacun rendît ce
qu'il avait reçu, tant d'arpents de terre, tant d'esclaves,
tant de bêtes de somme : et si, pendant cette période, de
nombreuses aliénations avaient eu lieu, comment se reconnaître au milieu de tous ces changements ?

Dès lors, n'était-il pas pratique, n'était-il pas logique,
n'était-il pas nécessaire, que le peuple seul pût défaire ce
qu'il avait fait, et qu'il fallût le *consentement* du peuple
entier pour faire changer de mains un objet dont il avait
seul la propriété et dont il pouvait seul attribuer la possession ?

Mais, plus tard, la copropriété de l'État, incommode par
sa trop grande étendue, fait place à la copropriété de la
Gens, puis de la famille. Il est probable que ceci arriva dès
les premières années de Rome. De ce moment, il cessait
d'être logique et il devenait, en outre, fort gênant que la
nation dût se réunir pour permettre à un propriétaire d'a-
liéner la moindre part de son bien. Il est à supposer cependant que cette intervention subsista pendant la période,

d'ailleurs assez courte, qui précède la propriété privée des
res mancipi : mais elle dut disparaître dès que celles-ci
cessèrent d'être la propriété collective de la famille agnatique pour être distribuées aux chefs de famille et partagées
entre leurs héritiers. Cependant on comprend, sans que
nous parlions de nouveau du respect des Romains pour la
tradition, qu'il devait rester quelque chose de cette longue
pratique.

Le peuple avait toujours pris part à l'aliénation des *res
mancipi* : cessant désormais d'y paraître, il fallait au moins
qu'il y fût représenté : ce fut l'office des cinq témoins (1).
Quant au sixième personnage, l' « antestatus », il représentait, suivant l'opinion la plus vraisemblable, le magistrat qui présidait autrefois l'assemblée du peuple (2).

Nous devons, avant de terminer, signaler encore une
particularité des *res mancipi* en ce qui concerne l'aliénation de ces choses par les femmes en tutelle. On sait qu'à
Rome les femmes « sui juris » se trouvaient en tutelle
perpétuelle, légitime ou dative, le plus souvent légitime ;
c'était, en ce cas, la tutelle des agnats ou, à défaut d'agnats,
des « gentiles. » La tutelle des femmes, d'abord sérieuse,
avait diminué rapidement d'importance, à tel point que le
préteur pouvait forcer un tuteur récalcitrant à donner son

(1) Sumner Maine exprime exactement la même idée lorsqu'il dit :
« Les cinq témoins qui devaient assister à la mancipation repré-
« sentent l'ancienne communauté donnant *son consentement*, sui-
« vant un principe de représentation par cinq très fréquent chez
« les races primitives. »
Mais pourquoi ce chiffre de cinq témoins ? On a dit, et c'est à
quoi fait allusion Sumner Maine, que le nombre cinq était fort
affectionné des anciens ; peut-être avait-il une sorte de caractère
fatidique ou sacré, analogue à celui des nombres *sept* et *douze*
qu'on retrouve si souvent dans les Ecritures. Le plus probable est
qu'il fut fixé par Servius Tullius, pour représenter les cinq classes
du peuple. En ce sens, l'expression « classici testes. »
(2) Sur ce point, v. Puchta, § 238. — Accarias, t. I, p. 530, n. 1.
Longo, VI, p. 75. — Guillot, p. 80.

« auctoritas. » Cicéron, qui raillait volontiers les vieilles coutumes, en profite pour dire que c'étaient les tuteurs qui étaient en la puissance des femmes et non les femmes en la puissance des tuteurs. Cependant la tutelle agnatique demeura longtemps effective, et il y avait certains actes pour lesquels le tuteur ne pouvait être contraint de donner son « auctoritas, » entre autres l'aliénation des *res mancipi :* « Tutoris auctoritas necessaria est mulieribus quidem « in his rebus..... si rem mancipi alienent (1). » Quant aux « res nec mancipi » elles pouvaient les aliéner seules.

Cette différence ne nous étonnera pas, étant donnée l'origine que nous attribuons à l'institution des *res mancipi.* La tutelle des femmes fut organisée dès les premiers siècles de Rome (il en est parlé dans la loi des XII Tables) : à la copropriété de l'État avait succédé celle de la famille agnatique ; or, les femmes n'avaient évidemment aucun pouvoir sur les objets de cette copropriété, sur les *res mancipi ;* elles ne prenaient pas part à leur aliénation ; lorsque ensuite ces choses furent devenues susceptibles de propriété privée, une trace en resta, l'interdiction pour la femme de les aliéner sans l' « auctoritas » de son tuteur, c'est-à-dire du plus proche de ses agnats qui représente la famille ou le chef de famille.

Mais la femme aurait pu, par un moyen détourné, arriver au même but : il suffisait de livrer simplement ces *res mancipi* que l'acquéreur eût ensuite usucapées par un court délai d'un ou deux ans. De là une seconde prohibition ; on ne peut usucaper les *res mancipi* qu'une femme en tutelle a livrées sans l' « auctoritas » de son tuteur. La loi des XII Tables avait déjà édicté cette défense (2).

(1) Ulpien, XI, 27.
(2) « Item mulieris quae in agnatorum tutela erat res mancipi « usucapi non poterant, praeterquam si ab ipsâ, tutore auctore « traditae essent : id ita lege XII Tabularum cautum erat. » Gaius, II, 47.

Conclusion

Ainsi qu'on le voit par les explications qui précèdent, il ne doit plus nous paraître étrange que la mancipation soit exigée pour l'aliénation des *res mancipi*, que la simple tradition d'une *res nec mancipi* soit à l'origine dépourvue d'effet juridique. Comment un simple particulier pourrait-il faire changer de mains, sans l'assistance et le consentement de tout le peuple, les objets qui sont la propriété du peuple et qui ont été attribués par lui ? Il n'y a plus rien d'étrange également à ce qu'une femme en tutelle ne puisse aliéner ses *res mancipi*, puisque ces choses furent autrefois la copropriété de la famille agnatique, copropriété sur laquelle les femmes ne possédaient aucun pouvoir.

Plus tard, ces considérations perdent leur valeur, car l'État ni la famille ne sont plus copropriétaires des *res mancipi* : il devient donc injuste que la tradition d'une de ces choses soit sans effet, que l' « accipiens » se voie livré à la mauvaise foi de son vendeur, d'autant plus que, la valeur des *res mancipi* étant fort diminuée, on est porté à négliger, en pratique, les formalités de la mancipation. Alors s'introduit l'usucapion des *res mancipi* qui ont été simplement livrées.

Puis, avant même d'avoir usucapé, l'acquéreur pourra se défendre contre son vendeur et contre les tiers par l'exception « rei venditæ et traditæ ; » il aura même, au cas où il serait dépossédé, une revendication utile, l'action Publicienne. Il ne sera pas propriétaire, ce serait contraire au droit ; mais il aura tous les avantages pratiques de la propriété, ce qui est conforme à l'équité.

Plus tard, enfin, quand les *res mancipi* auront perdu leur valeur, quand la mancipation sera complètement négligée et incomprise (1), quand le souvenir même de l'origine de cette institution aura disparu dans la nuit des douze siècles écoulés depuis la fondation de Rome, toute différence entre les *res mancipi* et les *res nec mancipi* cessera d'exister en droit comme en fait : ce sera l'œuvre de Justinien. Les *res mancipi* sortiront alors du domaine juridique pour entrer dans le domaine de l'histoire.

Toute cette marche, on le voit, est conforme au génie du peuple romain, qui modifie ses institutions suivant les progrès de la civilisation et les plie aux nécessités nouvelles sans les détruire ; elle se poursuit depuis les temps antérieurs à Rome elle-même avec cette continuité, cet admirable enchaînement des idées, cette rigoureuse logique qui devaient faire du plus guerrier des peuples un peuple de jurisconsultes et lui permettre de conduire la science du droit à un degré de perfection qu'aucune autre nation ne devait atteindre.

(1) Cicéron lui-même ne raillait-il pas déjà ces vieilles formalités faute de les comprendre ?

DES

SUBROGATIONS ET RENONCIATIONS

A L'HYPOTHÈQUE LÉGALE

DES FEMMES MARIÉES

Il existe des traités importants sur la subrogation à l'hypothèque légale des femmes mariées, soit sous forme de monographies, soit dans les commentaires de la loi du 23 mars 1855, soit dans les traités généraux des hypothèques ou du Code civil (1). Notre intention ne peut donc être que de déterminer la nature de ce contrat et d'en tirer les conséquences pratiques tant au point de vue de ses formes que de ses effets.

Une loi récente du 13 février 1889 régit les renonciations à l'hypothèque légale en faveur des acquéreurs d'immeubles grevés de cette hypothèque : elle en détermine les effets et leur impose une publicité spéciale. Nous étudierons cette loi et nous essaierons de résoudre les difficultés qu'elle soulève et que la jurisprudence n'a pas eu encore l'occasion de trancher.

(1) Bertauld, *Traité théorique et pratique de la Subrogation à l'Hypothèque légale des Femmes mariées*, Paris, Marchal, Billard et Cie, 1867, 1 vol. — Verdier, *La Transcription hypothécaire*, Paris, Marescq, 1882, 2 vol. — Mérignhac, *Traité des Contrats relatifs à l'Hypothèque légale de la Femme mariée*, Paris, Rousseau, 1882, 1 vol.

PREMIÈRE PARTIE

DE LA SUBROGATION A L'HYPOTHÈQUE LÉGALE

PRÉLIMINAIRES

Depuis la loi du 23 mars 1855, personne ne met en doute la légalité de la subrogation à l'hypothèque légale des femmes mariées ; et, même avant cette loi, la subrogation était d'une pratique journalière. Cependant, cette faculté que l'on accorde aux femmes mariées de se dépouiller de leur hypothèque légale peut surprendre au premier abord. Il semble étrange que la femme puisse abandonner avec la plus grande facilité et sans aucune espèce de contrôle des garanties que la loi a pris soin de lui donner, qu'elle le puisse avant la dissolution du mariage, alors qu'elle ne peut, avant cette même date, se priver de certaines autres garanties, comme la faculté de renoncer à la communauté.

Et cette manière d'agir paraît plus contraire encore à l'esprit du Code civil, lorsqu'on la compare aux exigences de l'art. 2144, où il s'agit cependant, non pas de supprimer l'hypothèque, mais simplement de la restreindre aux *immeubles suffisants pour la conservation entière des droits de la femme.*

La pratique de la subrogation n'a, cependant, jamais

été contestée ; elle est d'ailleurs facile à justifier. Au cas
de l'art. 2144, la femme se dépouille de son hypothèque
sans contre-partie, elle ne tire de la restriction aucun avantage. La subrogation, au contraire, peut avoir lieu dans
l'intérêt exclusif de la femme, par exemple lorsqu'elle est
consentie à un créancier de celle-ci ; et, même consentie
dans l'intérêt du mari, elle n'est pas sans utilité pour la
femme, soit qu'elle ait pour but de procurer du crédit au
mari, c'est-à-dire au ménage, soit qu'elle doive faciliter la
vente des immeubles, vente qui peut souvent présenter des
avantages considérables.

On comprend, d'ailleurs, le trouble qu'apporterait dans
les affaires l'interdiction faite aux femmes mariées de
transmettre à des tiers le bénéfice de leur hypothèque
légale. Une telle prohibition serait la ruine du crédit du
mari ; comment un homme marié trouverait-il à emprunter
sur hypothèque, lorsque la créance éventuelle de la femme
est assez forte pour égaler les biens immeubles du mari ?
Même lorsque la femme n'est pas actuellement créancière,
il est souvent difficile de savoir si elle ne le deviendra
pas plus tard avec hypothèque remontant au jour du mariage (1).

Quant aux ventes d'immeubles du mari, il existe un
moyen pour l'acquéreur d'écarter les causes d'éviction résultant de l'hypothèque légale de la femme, c'est la purge.
Mais pourquoi forcer l'acquéreur à recourir à ces formalités
longues et coûteuses, quand une simple manifestation de
volonté de la femme peut produire le même résultat ?

_____

(1) Tel serait le cas où, dans le contrat de mariage, il aurait été
stipulé un avantage au profit de la femme en cas de survie ;
l'hypothèque garantissant cette créance, fort incertaine quant à son
existence et qui peut l'être quant à son chiffre (usufruit, rente
viagère, etc.), remonterait au jour du mariage.

La femme peut devenir aussi créancière pour mauvaise administration, ou, en cas de séparation de corps, créancière d'une pension
alimentaire. L'hypothèque légale garantissant ces diverses créances,
remonterait aussi au jour du mariage.

C'est donc pour des raisons d'utilité majeure qu'on a
dès l'origine permis à la femme de renoncer à son hypothèque : il ne faut pas, pour la protéger contre des dangers souvent chimériques, jeter sur le mari un discrédit
d'autant plus grand, on l'a dit avec raison, que sa femme
est plus riche.

La liberté pour la femme de subroger à son hypothèque légale sans autre formalité que l'autorisation maritale,
c'est le droit commun, c'est simplement l'application de ce
principe que tout titulaire d'un droit peut en disposer,
lorsque la loi n'y met pas obstacle. C'est pourquoi on a
toujours reconnu à la femme le droit de subroger à son
hypothèque légale sans réunir un conseil de famille et
sans recourir à l'autorisation de justice qu'exige l'art. 2144
par une exception que l'on ne peut étendre sans texte (1).

(1) La jurisprudence même la plus ancienne a, sauf de rares
exceptions, décidé en ce sens. (Cass., 28 juil. 1823, — Nancy, 24
janv. 1825, — Lyon, 13 av. 1832, — Req., 15 mai 1844, 30 juil. 1845,
D. P., 45, 1, 332.)

Lors de l'enquête sur le projet de réforme hypothécaire, en 1841,
certaines Cours émirent le vœu que l'on soumît la subrogation
aux formalités de l'art. 2144. La Faculté de Paris alla plus loin :
elle voulait interdire à la femme de cautionner les engagements de
son mari, de s'obliger avec lui comme débitrice solidaire ou con-
jointe, de subroger à son hypothèque légale, de céder ses créances
contre son mari, le tout sans autorisation de justice. C'était vraiment pousser trop loin la protection des femmes mariées.

Il ne faudrait pas cependant exagérer dans le sens de la liberté et
permettre à la femme, comme la Cour de Nancy semble l'avoir
fait, de renoncer à son hypothèque légale en faveur de tous les
créanciers de son mari sans distinction, même des créanciers à
venir (Nancy, 4 mai 1886, D. P., 91, 1, 35); un tel engagement
serait éminemment contraire à l'esprit de la loi et à l'ordre public.

CHAPITRE PREMIER

Nature de la Subrogation

On se sert, en général, indifféremment des mots cession, subrogation, renonciation, pour indiquer l'acte juridique par lequel la femme transporte à un tiers l'exercice de ses droits hypothécaires ; et le plus souvent ces termes divers peuvent être pris sans inconvénient comme synonymes.

Il n'existe aucune différence entre la *subrogation* à l'hypothèque légale et la *cession* de cette hypothèque ; les deux termes n'indiquent qu'une seule et même chose : le transport de l'hypothèque à un tiers.

La *renonciation* n'est elle-même le plus souvent qu'une cession ou subrogation, lorsqu'elle est consentie au profit d'un créancier chirographaire du mari, car une renonciation purement extinctive ne lui procurerait qu'une sûreté fort aléatoire, le mari pouvant toujours grever ses biens de nouvelles hypothèques. A plus forte raison en sera-t-il de même, lorsque le bénéficiaire de la renonciation sera un créancier de la femme : dans ce cas, une renonciation extinctive ne se comprendrait pas. L'art. 9 de la loi du 23 mars 1855 emploie, du reste, indifféremment les mots *cession* et *renonciation*.

Faite au profit d'un créancier hypothécaire du mari, la renonciation devra, en général, être considérée comme une promesse d'abstention ou comme une cession de rang.

Du reste, il est impossible de donner des règles absolues : les tribunaux sont toujours libres de rechercher sous les mots employés, et de déterminer souverainement l'intention des parties.

Quant à la renonciation au profit d'un acquéreur d'immeubles grevés de l'hypothèque légale, elle produit des effets particuliers réglés par la loi du 13 février 1889, que nous étudions à part.

La nature de la subrogation n'est pas explicitement déterminée par le texte, d'ailleurs fort bref, qui régit cette matière. Aussi de vives controverses se sont-elles élevées sur ce point, au moins dans la doctrine.

La subrogation qui nous occupe est un contrat d'une espèce particulière et qui ne se rattache pas, malgré la similitude de nom, à la subrogation réglée par les art. 1249 à 1252, C. Civ. Celle-ci, en effet, qu'elle soit conventionnelle ou légale, a toujours lieu au profit d'un tiers dont les deniers ont servi à désintéresser le créancier et ce n'est qu'à cette condition qu'elle peut avoir lieu. En outre, elle peut, dans certains cas, s'opérer contre la volonté du créancier (art. 1250-2°).

La subrogation à l'hypothèque légale de la femme, au contraire, a lieu au profit d'un créancier du mari, d'un acquéreur d'immeubles grevés de l'hypothèque, parfois d'un créancier de la femme, toutes personnes qui n'ont pas désintéressé la femme pour se faire subroger. Il en résulte qu'on ne doit pas appliquer à cette opération juridique les règles de la subrogation ordinaire : la subrogation n'a donc pas lieu contre les cautions, car la femme subroge spécialement à son hypothèque et non à toutes les garanties qui peuvent être attachées à sa créance. La seconde partie de l'art 1252 ne sera pas non plus applicable et la femme qui a restreint la subrogation à une partie de ses droits hypothécaires ne pourra pas se faire préférer au subrogé.

Est-ce à dire que jamais la subrogation des art. 1249 et suivants ne pourra s'appliquer aux garanties attachées aux reprises de la femme ? Nullement, et rien n'empêche cette subrogation de se produire si les conditions nécessaires se trouvent réunies ; mais cela n'arrivera qu'après la dissolution du mariage ou la séparation de biens, car c'est alors seulement que les reprises de la femme deviendront exigibles et qu'elle pourra en recevoir un paiement valable.

La subrogation à l'hypothèque légale n'est pas en général une cession de rang ou d'antériorité ou une simple
promesse d'abstention. Nous verrons, il est vrai, qu'elle
peut revêtir ces diverses formes; mais si la subrogation
peut n'être qu'une cession de rang, c'est seulement lorsqu'elle a lieu au profit d'un créancier hypothécaire du
mari; consentie au profit d'un créancier chirographaire du
mari, ou d'un créancier de la femme, elle n'aurait aucun
sens. Quant à la promesse d'abstention, elle pourrait
avoir lieu, même au profit d'un créancier chirographaire
ou d'un acquéreur d'immeubles; mais pourquoi, au lieu
d'une véritable subrogation, emploierait-on ce contrat dont
les avantages sont minimes et les effets souvent difficiles à
déterminer ?

On a voulu donner à la subrogation le caractère d'un
nantissement : la femme donnerait en gage ses créances
contre son mari, conférant ainsi au subrogé le droit d'être
payé par préférence sur leur produit. On oublie dans ce
système que le privilège résultant du gage ne s'établit sur
les meubles incorporels qu'autant que le contrat a été si-
gnifié au débiteur de la créance donnée en gage et que les
titres de créance sont mis en la possession du créancier
gagiste ou d'un tiers convenu (art. 2075 et 2076 C. Civ.).
Personne ne soutient cependant que la subrogeante doive
mettre entre les mains du subrogé les titres d'une créance
souvent indéterminée ou éventuelle, titres qui se trouveront
plus d'une fois dans la loi elle-même et là seulement.
Quant à dire que la subrogation est un nantissement d'une
espèce spéciale et dispensé de la tradition des titres, c'est
là un système arbitraire et qui n'a aucune base dans la
loi (1).

Pour nous, la subrogation à l'hypothèque légale est,
comme son nom l'indique, la transmission au subrogé
de l'hypothèque légale seule et indépendamment des créances qu'elle garantit. Cela résulte clairement des termes

(1) Voir pourtant Aubry et Rau, § 288, texte et note 2.

mêmes de l'art. 9 de la loi sur la transcription : « Dans le
« cas où les femmes peuvent céder leur *hypothèque lé-*
« *gale*, etc. » Ce n'était pas, cependant, avant la loi de
1855, l'avis de certains auteurs qui ne voulaient voir dans
la subrogation autre chose que la cession de la créance de
la femme contre son mari ; quelques-uns, même après
1855, ont persisté dans cette opinion, déclarant que la cession de l'hypothèque seule est chose juridiquement impossible. Quels en sont les motifs ?

M. Bertauld, qui les expose longuement, commence par
poser comme évident que « la subrogation à l'hypothèque
« légale, quand elle est faite au profit des créanciers qui
« n'ont pas d'obligation personnelle ou réelle contre le
« mari, emporte transmission des créances auxquelles cette
« hypothèque est attachée (1). »

Rien n'est moins évident. Qu'importe que le subrogé ne
soit pas créancier du mari ? Du moment qu'il a une créance,
que celle-ci soit contre la femme ou contre un tiers, l'hypothèque peut lui être attachée. Est-il donc nécessaire que
le débiteur et le propriétaire de l'immeuble hypothéqué
soient une seule et même personne ? Mais alors il faut admettre qu'on ne peut hypothéquer son immeuble à la dette
d'autrui, ce que personne n'a jamais soutenu. M. Bertauld
se récrie : le mari sera donc tenu deux fois de la même
dette, une fois personnellement envers sa femme, une fois
réellement envers le subrogé ! Non pas : le mari ne sera
tenu qu'une fois, il n'y a qu'une dette, mais il pourra arriver qu'il soit tenu de l'acquitter de deux manières différentes.

En effet, ou bien le subrogé est un créancier du mari et
alors rien n'est changé à la situation de ce dernier, l'hypothèque ayant simplement passé d'un de ses créanciers à
un autre ; ou le subrogé sera un créancier de la femme, et
dans ce cas le mari qui paie le subrogé a par là même
payé pour sa femme, et la créance qu'il acquiert contre

(1) Bertauld, nos 8 et suivants.

celle-ci, se compensant avec la dette qu'il a envers elle, ces deux dettes s'éteignent par compensation ; ou enfin le subrogé n'est créancier ni du mari ni de la femme, mais d'un tiers : ce cas ne se présentera que dans deux hypothèses, soit que la femme soit elle-même débitrice ou caution de ce tiers, soit qu'elle agisse « animo donandi ; » dans l'une et l'autre hypothèse, le mari aura encore payé pour sa femme et la solution sera la même que dans le cas précédent.

La proposition de M. Bertauld, qu'il faut nécessairement considérer la subrogation comme une cession de créance toutes les fois que le subrogé n'est pas créancier du mari, n'est donc pas démontrée. Cet auteur et quelques autres sont cependant allés plus loin et soutiennent qu'*en aucun cas* l'hypothèque ne peut être cédée sans la créance (1).

Les motifs de cette décision sont ceux que faisait valoir M. de Vatimesnil lors du projet de réforme hypothécaire : « Ce genre de cession, disait-il, est *contraire aux princi-* « *pes*, car l'hypothèque, étant un accessoire, est naturel- « lement transmise en même temps que la créance dont « elle forme la sûreté ; mais on ne conçoit pas bien « qu'elle puisse être détachée de la créance pour être cédée « isolément.

« *Sujet à des inconvénients*, car, dans le système que « nous combattons, le créancier qui aurait hypothèque « sur plusieurs immeubles pourrait, en conservant sa « créance et son hypothèque sur un des immeubles, faire « une sorte de trafic très fâcheux de cette même hypothè- « thèque en tant qu'elle frapperait sur les autres im- « meubles. »

(1) MM. Aubry et Rau, qui soutiennent, comme M. Bertauld, et pour les mêmes motifs, que l'hypothèque ne peut être détachée de la créance, admettent sans difficulté qu'on détache le rang de l'hypothèque dont il fait la valeur. Cependant, si l'hypothèque est l'accessoire de la créance, le rang est l'accessoire ou mieux encore la qualité de l'hypothèque ; dès lors, pourquoi distinguer ? Nous n'en voyons pas les motifs.

Ces inconvénients sont purement imaginaires; le cas prévu est le suivant : Un créancier, Antoine, a pour garantir une créance de 10,000 fr., hypothèque sur deux immeubles, A et B, valant chacun 10,000 fr. Un créancier postérieur, Bernard, se fait consentir une hypothèque pour garantie d'une somme semblable et aussi sur les deux immeubles; il se croit, à juste titre, sûr d'être payé, car, quel que soit l'immeuble sur lequel le premier créancier poursuive son paiement, il en restera un suffisant pour garantir sa créance à lui Bernard. Mais voici qu'Antoine cède son hypothèque sur l'immeuble B à un troisième créancier, Clément, à qui il est dû aussi 10,000 fr. Va-t-il donc arriver que Antoine se fasse payer grâce à son hypothèque sur l'immeuble A, que Clément se fasse également payer en vertu de la subrogation sur l'immeuble B et que Bernard soit ainsi totalement frustré?

Croire qu'un tel résultat soit possible, c'est méconnaître les principes les plus élémentaires. Quand l'hypothèque du premier créancier a pris naissance, elle a été créée pour garantir une certaine créance, 10,000 fr. dans notre espèce; elle doit procurer cette somme tout entière, mais cette somme seulement. Le chiffre de la créance est la mesure de l'hypothèque, et le créancier ne peut étendre cette mesure aux dépens du débiteur ou d'un créancier postérieur. Ainsi, l'immeuble B étant vendu et le subrogé ayant touché ses 10,000 fr. sur le prix de cet immeuble, l'hypothèque du subrogeant, que nous pouvons supposer être l'hypothèque légale d'une femme mariée, a produit tout son effet : la femme subrogeante reste bien créancière de 10,000 fr., mais simple créancière chirographaire : *hypothécairement, elle n'a plus droit à rien.* Si l'immeuble A est ensuite vendu, c'est le second créancier, Bernard, qui seul pourra exercer l'action hypothécaire, l'inscription de la femme sur cet immeuble étant désormais sans effet (1).

(1) C'est une simple application d'ailleurs de l'art. 1165. V. en ce sens, Req., 31 janv. 1883, D. P., 83, 1, 316, et Sir., 84, 1, 321.

7

Nous avions donc raison de dire que les dangers qui pourraient résulter de la séparation de l'hypothèque d'avec sa créance sont purement imaginaires. Quant aux principes, qu'invoquait M. de Vatimesnil, on en veut tirer des conséquences qu'ils ne comportent pas.

L'hypothèque est, dit-on, un droit accessoire de la créance ; elle est supportée par cette créance, et si elle en est détachée elle tombe et disparait faute de base. La relation entre l'une et l'autre est si intime, d'après MM. Aubry et Rau « que l'hypothèque ne peut être considérée « comme ayant une existence propre qui permette de la « séparer de la créance à laquelle elle est attachée pour « la joindre à une autre. » M. Bertauld est du même avis (1).

C'est là une pure exagération du caractère accessoire de l'hypothèque. Si, lorsque la créance s'éteint, l'hypothèque périt avec elle, c'est parce que celle-ci ne peut vivre sans une base et que, la base disparaissant, l'hypothèque n'a plus de soutien. Mais lorsque, la créance demeurant, on lui enlève son hypothèque pour la transporter à une autre créance, la base ne fait pas défaut ; l'hypothèque passe d'une base à une autre, elle ne périt point. En un mot, l'hypothèque est nécessairement l'accessoire *d'une créance*, mais non pas *de telle créance déterminée*.

Il semble que toute controverse sur ce point aurait dû cesser depuis la loi du 23 mars 1855, dont l'art. 9 parait bien viser la cession de l'hypothèque seule : « Dans le cas « où les femmes peuvent céder *leur hypothèque légale* ou y « renoncer, etc. » Il est difficile d'être plus clair, et cependant certains auteurs, comme M. Bertauld, ne se sont pas sentis convaincus : M. Bertauld affirme que le législateur n'avait pas le droit de trancher la question, et qu'il ne l'a pas fait.

Le premier point supporte à peine la discussion. Le lé-

(1) Aubry et Rau, II, p. 213, note 1. — III, p. 455, note 2. — Bertauld, nº 8 et s.

gislateur, dit l'auteur que nous combattons, n'avait pas à intervenir, parce que la loi ne doit pas, hors les cas où l'ordre public est en jeu, limiter les applications du principe de la liberté des conventions. Rien de plus juste ; mais nous ne prétendons pas user de l'art. 9 pour limiter la liberté des conventions ; nous ne disons pas que l'art. 9 défende à la femme de céder sa créance en même temps que son hypothèque (1) : en quoi, dès lors, le législateur a-t-il outrepassé ses droits, en quoi a-t-il gêné la liberté des conventions ? Si quelqu'un encourt, à juste titre, un tel reproche, ce sont bien plutôt les adeptes du système opposé, qui prétendent interdire certains contrats relatifs à l'hypothèque légale, tandis que dans notre opinion tous sont autorisés.

Quant à la seconde affirmation de M. Bertauld, que la loi de 1855 n'a point tranché la difficulté, il suffit de se reporter aux travaux préparatoires pour constater que c'est en connaissance de cause que le projet a été voté et que l'attention du législateur a dû être appelée sur les conséquences des termes qu'il employait.

On dit, il est vrai, que la loi de 1855 n'a rien voulu changer à l'état de choses existant. Cela, en effet, a été déclaré lors de la discussion ; mais chacun sait que les paroles du rapporteur n'avaient trait qu'à la capacité de la femme et qu'il entendait dire simplement que rien ne serait changé sur ce point aux règles des divers régimes matrimoniaux (2). D'ailleurs ses paroles eussent-elles un sens plus large, il n'en resterait pas moins vrai que, si la loi a consacré l'état de choses existant, elle a consacré une

(1) Une telle prétention a cependant été émise ; mais il est impossible de se rallier à une solution aussi exagérée, aussi évidemment fausse ; il n'y a rien ni dans le texte, ni dans les travaux préparatoires de la loi qui permette de la justifier.

(2) Voici du reste les propres paroles de M. A. Debelleyme, rapporteur de la Commission du Corps législatif : « Elle (la Commis-« sion) a fait subir à l'art. 11 (art. 9 du projet définitif), un « changement de rédaction tendant à bien établir que la loi actuelle

jurisprudence et une pratique notariale qui considéraient l'une et l'autre la subrogation comme la simple cession de l'hypothèque, sauf convention contraire.

La question est donc tranchée et nous ne pouvons mieux nous résumer qu'en citant M. Verdier : « On ne conçoit « pas, dit-il, comment d'excellents esprits se sont laissés « entraîner par cette considération que l'hypothèque n'est « que l'accessoire de la créance, à nier qu'elle puisse être « transmise séparément, lorsque le bon sens, la logique, « la liberté des conventions se réunissent pour démontrer « que cette transmission est possible (1). »

C'est maintenant le cas de se demander quel est le but pratique de cette discussion, quel intérêt il y a à décider que la subrogation à l'hypothèque légale entraîne la cession des créances de la femme ou qu'elle est la cession de l'hypothèque seule.

D'après M. Mourlon, il n'y a pas entre les deux opinions de différence pratique : pour lui, le subrogé est toujours censé désintéressé avec les fonds dont la femme subrogeante était elle-même créancière ; les choses se passent toujours comme si la femme avait elle-même touché les deniers et les avait remis au subrogé, de telle sorte que la créance du subrogé et celle de la femme sont l'une et l'autre éteintes.

Vraie pour le cas où la femme a cédé sa créance, cette conclusion ne l'est plus lorsqu'elle n'a cédé que son hypothèque. Dans ce dernier cas, en effet, le subrogé n'a point exercé la créance de la femme, il n'a agi qu'en vertu de l'action hypothécaire de celle-ci ; cela n'empêche pas la femme de rester créancière.

« n'a pas pour but de modifier en quoi que ce soit la législation « relative aux *droits de la femme mariée* en matière de cession ou « de renonciation à une *hypothèque légale*. » (*Moniteur* de 1854, supplément du 31 mai.)

(1) Verdier, *Transcription hypothécaire*, n° 722. V. dans cet auteur la bibliographie et la jurisprudence touchant cette question, sous les n°s 717 à 723.

Ainsi, outre la nouvelle créance que la femme acquiert en vertu de l'art. 2135, lorsque le subrogé est un créancier du mari, la femme conserve sa créance primitive devenue purement chirographaire ; elle est ainsi toujours munie d'une créance chirographaire et souvent d'une créance hypothécaire prenant rang à la date de la subrogation (1).

Or, il peut arriver que la créance primitive devenue chirographaire soit munie de sûretés autres que l'hypothèque légale dont elle est dépouillée ; il se peut, par exemple, qu'il y ait des cautions engagées envers la femme pour la restitution de ses apports. On voit donc l'intérêt qu'il y a à dire que la créance de la femme n'est pas éteinte par le paiement fait au subrogé, qu'elle conserve sa créance primitive après la subrogation : il en résulte qu'elle conserve en même temps les sûretés qui peuvent être attachées à cette créance en dehors de l'hypothèque légale.

Là n'est pas le seul intérêt de notre solution ; en voici d'autres non moins importants. D'abord une question de forme : si la subrogation à l'hypothèque légale est une cession de créance, il faut dire que la subrogation n'est pas valable sans l'accomplissement des formalités prescrites par l'art. 1690, C. civ. M. Bertauld, en effet, n'hésite pas à enseigner la nécessité de ces formalités : la chose est cependant contestée même parmi ceux qui voient dans la subrogation un transport de créance, par ce motif que l'art. 9, le texte organique de la matière, ne fait aucune

----

(1) Cette nouvelle hypothèque peut faire elle-même l'objet d'une nouvelle subrogation en faveur d'un créancier du mari ; la femme acquerra ainsi une troisième hypothèque à laquelle elle peut encore subroger et ainsi de suite.

Chacun des subrogés successifs n'aura rang qu'à la date de la subrogation précédente, car c'est à cette date que remonte l'hypothèque qui lui est cédée.

Voir une intéressante application de ce principe, par M. Beudant, en note d'un arrêt de la Chambre des Requêtes, du 11 février 1867. D. P., 67, 1, 465.

—

allusion à la signification. Quoi qu'il en soit, la controverse
ne peut exister dans notre opinion : la subrogation n'étant
point une cession de créance, il est évident que le subrogé
n'est nullement tenu d'observer l'art. 1690 (1).

Autre conséquence pratique : la femme qui subroge à
son hypothèque légale ne cédant que cette hypothèque
seule, le subrogé ne pourra pas user des sûretés qui seraient attachées à cette créance ; il ne pourra agir que
contre le mari et en vertu du seul droit hypothécaire. Si,
par exemple, le père du mari a cautionné la dette de celui-
ci envers la femme, le subrogé ne pourra pas agir contre
la caution. Si, au contraire, on voyait dans la subrogation
une cession de créance, le subrogé pourrait user de toutes

(1) Il peut arriver que la femme cède expressément sa créance
hypothécaire et non plus simplement son hypothèque légale. Quels
seront les effets et les formes de cette cession ? La femme sera
dépouillée de sa créance ; mais si le cessionnaire était un créancier
du mari, la femme qui a ainsi payé la dette de son mari acquiert
contre lui une nouvelle créance hypothécaire, et cette hypothèque
prend rang au jour de la cession.

Quant aux formalités de la cession, devra-t-on observer l'art. 9
ou l'art. 1690, C. civ., ou l'un et l'autre ? Nous croyons qu'il faudra
remplir à la fois les formalités de l'art. 9 de la loi de 1855 et
celles de l'art. 1690, C. civ., si l'on veut obtenir un résultat complet.

Il faudra donc et l'acte authentique et l'inscription exigés par
l'art. 9, car l'authenticité est prescrite dans l'intérêt de la femme
qui cède son hypothèque, et cet intérêt existe aussi bien lorsqu'elle
la cède comme accessoire, que lorsque l'hypothèque fait l'objet
principal du contrat ; quant à la publicité, elle est exigée dans
l'intérêt des tiers, et parce que les motifs qui ont fait dispenser
d'inscription l'hypothèque légale, n'existent plus quand cette hypothèque est sortie des mains de la femme : or, quel que soit le mode
de transmission, qu'elle se soit opérée principalement ou accessoi-
rement, l'utilité de la publicité est la même.

Il faudra, en outre, suivant l'art. 1690, C. civ., que la cession
soit signifiée au débiteur cédé, c'est-à-dire au mari ou à ses héritiers, ou acceptée par lui dans un acte authentique ; car le fait que
la cession de l'hypothèque légale, accessoire de la créance, est
soumise à des règles spéciales, n'empêche pas que la cession du
principal, la créance, ne demeure soumise aux règles générales de

les garanties attribuées à la créance suivant l'art. 1692, C. civ. Nous lui refusons complètement ce droit.

Enfin, le tiers subrogé à l'hypothèque légale, lorsqu'il n'a pas le mari pour obligé personnel, ne peut pas agir sur tous les biens du mari, mais seulement sur les immeubles soumis à l'hypothèque légale et grevés de l'inscription de subrogation.

Supposons maintenant que les biens mobiliers du mari soient saisis et qu'une certaine somme dans la distribution soit attribuée à la femme : cette somme sera distribuée au marc le franc entre tous les créanciers de la femme, sauf la préférence due aux privilégiés généraux de l'art. 2101, s'il y en a, et le subrogé que nous supposons créancier de la

toute cession de créance. Remarquons, d'ailleurs, que si la cession a lieu pendant la durée du mariage, ces conditions seront presque toujours remplies, pourvu que la cession soit faite par acte authentique, car elle sera en général autorisée par le mari, et il serait bien difficile de ne pas voir dans cette autorisation l'acceptation prévue par l'art. 1690. Il pourra du reste arriver que la cession soit autorisée par justice, auquel cas elle devrait être signifiée au mari. Il en sera de même si la cession a lieu après la dissolution du mariage.

Supposons, maintenant, que l'un ou l'autre des deux articles précités n'ait pas été observé ; quelles en seront les conséquences ?

1° L'art. 1690 a été appliqué, mais on a négligé la publicité de l'art. 9. Dans ce cas, la cession reste valable comme cession de créance, mais le cessionnaire ne pourra opposer aux tiers l'hypothèque légale, parce que les cessionnaires de l'hypothèque légale n'en sont saisis à l'égard des tiers que par l'inscription ou la mention prévues par l'art. 9. La cession sera donc entièrement valable à l'égard de la femme, pourvu bien entendu qu'elle soit faite par acte authentique, mais le cessionnaire ne sera pas saisi de l'hypothèque légale à l'égard des tiers ;

2° On a observé l'art. 9, mais les conditions de l'art. 1690 ne sont pas remplies. Dans ce cas, le cessionnaire ne sera saisi à l'égard des tiers, ni de la créance, ni de l'hypothèque ; l'hypothèque, en effet, n'était cédée ici qu'en qualité d'accessoire, en vertu de l'art. 1692, C. civ. ; la cession du principal étant nulle à l'égard des tiers, celle de l'accessoire l'est aussi.

La cession n'en demeure pas moins valable dans les rapports du cessionnaire avec la femme cédante.

femme viendra, lui aussi, au marc le franc. Il ne pourrait
avoir un droit exclusif au dividende attribué à la femme
que s'il était vérifié plus tard que l'hypothèque légale serait
venue en rang utile dans les ordres ouverts ultérieurement
sur le prix des immeubles ; car le paiement reçu par la
femme diminue la créance et nuirait évidemment au subrogé : or, nous verrons en traitant des effets de la subrogation que la femme ne peut recevoir le paiement de ses
reprises aux dépens du subrogé.

S'il était vrai que la subrogation à l'hypothèque légale
emportât cession de la créance, le subrogé pourrait agir
sur tous les biens du mari, meubles et immeubles, car par
cette cession, il deviendrait créancier personnel du mari
aux lieu et place de la femme. En outre, par la cession, la
créance étant sortie du patrimoine de la femme, les autres
créanciers de celle-ci ne pourraient prétendre aucun droit
sur le bénéfice en résultant, et le mari devenu débiteur du
cessionnaire régulièrement saisi ne pourrait payer qu'à
lui.

En résumé, nous croyons que la subrogation à l'hypothèque légale est simplement la cession de l'hypothèque, et
non pas la cession de la créance de la femme, parce que ni
les textes, ni les principes ne prohibent la séparation de
l'hypothèque même légale d'avec la créance qu'elle garantit
pour l'attacher à une autre, et que ce serait violer arbitrai-
rement la liberté des conventions que de prohiber ce que
la loi ni les principes ne défendent.

Nous tirons de là les conséquences suivantes :

1° La femme conserve, avec sa créance contre son mari,
toutes les sûretés et garanties qui peuvent y être attachées
en dehors de l'hypothèque légale, telles que cautions, hypothèques conventionnelles, etc., et le subrogé ne peut
user de ces garanties, ni poursuivre les cautions, codébi-
teurs, etc. ;

2° Le cessionnaire ou subrogé est saisi à l'égard des
tiers par le seul accomplissement des formalités de l'art. 9

de la loi du 23 mars 1855, et il n'est pas tenu de se conformer à l'art. 1690, C. civ. ;

3° Le subrogé qui n'est pas créancier du mari ne peut pas poursuivre son paiement sur les meubles ni sur les immeubles non grevés de l'inscription de subrogation.

4° Si, les biens non soumis à l'hypothèque légale ayant été saisis et vendus, une somme est attribuée à la femme subrogeante, le subrogé n'aura aucun droit sur cette somme, s'il n'est pas créancier de la femme ; et, s'il est son créancier, il viendra au marc le franc, sauf le droit exclusif qu'il pourrait faire valoir sur cette somme au cas où il viendrait à se vérifier que l'hypothèque légale arriverait en rang utile dans les ordres ultérieurement ouverts sur le prix des immeubles, droit exclusif provenant non de ce que le subrogé est devenu propriétaire de la créance, mais de ce que la femme ne peut recevoir le paiement de ses reprises au détriment du subrogé.

Nous répétons, du reste, que la femme est parfaitement libre de céder sa créance elle-même ; les conséquences de cet acte seraient exactement le contraire de celles que nous venons d'énumérer.

CHAPITRE II

Effets de la Subrogation

Le contrat que nous étudions peut se présenter sous diverses formes : subrogation proprement dite, cession de rang ou de priorité, promesse d'abstention, renonciation, Nous avons étudié la nature de la subrogation ; nous devons maintenant rechercher ses effets et ceux des contrats moins importants qui en sont des formes accessoires plus ou moins profondément modifiées.

§ 1. — SUBROGATION PROPREMENT DITE

Le subrogé, avons-nous dit, quel qu'il soit, créancier hypothécaire ou créancier chirographaire, créancier de la femme, du mari ou d'un tiers, se trouve investi de l'hypothèque de la femme, mais non de sa créance. Il est désormais titulaire de l'hypothèque légale avec toute l'étendue qu'elle peut avoir, sur les biens à venir du mari comme sur ses biens présents (1). Il en est titulaire avec toute l'étendue des garanties qu'elle peut présenter, à moins, bien entendu, que la subrogation n'ait été restreinte à certains immeubles ou à la garantie d'une certaine somme.

Nous ne croyons pas qu'il soit exact de poser en règle générale que, lorsque le subrogé a déjà une hypothèque

(1) Paris, 18 août 1876, D. P., 78, 2, 78.

conventionnelle sur certains immeubles du mari, il ne peut exercer l'hypothèque légale que sur ces mêmes immeubles. Cette règle n'est juste qu'autant qu'on l'applique à la subrogation tacite résultant du concours ou consentement donné par la femme à l'acte par lequel le mari constitue sur un ou plusieurs de ses immeubles, une hypothèque conventionnelle ; hors de là, on ne peut poser en principe que la femme qui subroge un créancier déjà muni d'une hypothèque conventionnelle sur certains immeubles du mari n'entend le subroger que sur ces immeubles. Ce pourra, il est vrai, être souvent l'intention des parties ; mais c'est une question d'interprétation de volonté que l'on doit laisser à l'appréciation des tribunaux (1).

L'hypothèque transmise au subrogé ne peut avoir entre ses mains plus d'effet qu'en celles de la femme. Elle ne lui sera donc utile qu'autant que la créance de la femme prendra naissance, car cette créance sera bien souvent éventuelle. Si, lors de la dissolution du mariage ou de la séparation de biens, la femme se trouve n'avoir aucune créance contre son mari, la subrogation sera complètement dépourvue d'efficacité. S'il est vérifié, au contraire, que la femme a des créances garanties par l'hypothèque légale, ces créances seront la mesure de la sûreté donnée au subrogé.

Le subrogé jouit du droit de suite et du droit de préférence. Le droit de suite ne nécessite que de courtes explications. Le subrogé régulièrement inscrit conformément à l'art. 9 jouit des droits de tout créancier inscrit : il doit donc, en cas de vente suivie de purge des immeubles grevés de l'hypothèque légale, recevoir les notifications ordonnées par les art. 2183 et 2184, C. civ. ; il peut, à la suite de ces notifications, pratiquer la surenchère du dixième. Le tableau dressé en conformité de l'art. 2183-3° doit contenir le nom du subrogé, l'indication du titre con-

(1) En ce sens, Lyon, 27 déc. 1882, D. P., 83, 2, 243 et Sir., 84, 2, 63.

tenant subrogation, le montant de sa créance et de la somme à concurrence de laquelle il a été subrogé, la date de la subrogation et celle de l'inscription.

Il a également le droit de faire sommation au tiers détenteur de payer ou délaisser (art. 2169) et de faire vendre l'immeuble trente jours après cette sommation, pourvu, bien entendu, que la créance de la femme soit exigible.

Si le subrogé ne s'est inscrit que dans les deux mois de l'exposition du contrat translatif de propriété (art. 2194 et 2195), il ne peut, comme la femme elle-même, pratiquer la surenchère que dans ce même délai de deux mois, sans qu'il soit nécessaire de faire une nouvelle purge d'hypothèque inscrite. C'est du moins ce qu'admet la jurisprudence pour la femme, et ce qu'il faut admettre par suite pour le subrogé. On sait qu'une controverse existe en doctrine sur ce point ; quoi qu'il en soit, il faut reconnaître que la question se présentera rarement à l'égard du subrogé, car il a tout intérêt à se faire inscrire immédiatement après la subrogation, sans attendre la purge, tandis que la femme, en général, n'a pas pris d'inscription avant la purge.

Le subrogé exerce également le droit de préférence de la femme ; un ordre étant ouvert, il sera colloqué pour une somme qui ne pourra dépasser ni sa propre créance ni la créance de la femme.

Ainsi, une femme dont les reprises s'élèvent à 10,000 fr., a subrogé un tiers dont la créance atteint le chiffre de 15,000 fr. Celui-ci sera colloqué au rang de la femme pour 10,000 fr., et quant aux 5,000 fr. restants, il viendra soit au rang de sa propre hypothèque, s'il en a une, soit comme créancier chirographaire s'il n'en a pas ; s'il n'est même pas créancier du mari, il ne peut pas agir contre celui-ci pour le paiement de ces 5,000 fr., à moins qu'il ne soit créancier de la femme, auquel cas il pourrait agir en vertu de l'art. 1166 C. civ.

Supposons l'hypothèse inverse : c'est la femme qui a des reprises s'élevant à 15,000 fr., et la créance du subrogé n'atteint que 10,000 fr. En ce cas, le subrogé devra être colloqué au rang de la femme pour le chiffre entier de sa créance, 10,000 fr. La femme sera colloquée au même rang pour les 5,000 fr. qui restent garantis par son hypothèque légale.

Dans les deux hypothèses, la femme reste créancière chirographaire de 10,000 fr. Mais sa situation varie suivant que le subrogé était ou n'était pas créancier du mari.

Au cas où le subrogé était créancier de la femme seule ou d'un tiers, la femme a bien conservé sa créance chirographaire, mais comme le mari devient lui-même créancier de sa femme, puisqu'il a payé la dette de celle-ci à concurrence de 10,000 fr., il s'opère une compensation qui éteint sa dette envers sa femme et sa créance contre elle. Au cas où le subrogé était créancier du mari, la femme conserve également contre celui-ci sa créance primitive devenue chirographaire : elle acquiert, en outre, une créance hypothécaire prenant rang au jour de la subrogation, en vertu de l'art. 2135-2°. Cela est universellement admis. Si, en effet, on ne peut dire, à proprement parler, qu'elle a « contracté une dette avec son mari, » elle s'est engagée du moins à laisser payer le créancier de son mari avec des deniers qui auraient dû lui revenir à elle : c'est comme si elle avait promis de payer la dette de son mari avec les deniers qu'elle devait toucher par l'effet de son hypothèque légale (1).

La femme peut enfin, si elle y trouve avantage, se faire colloquer au rang du subrogé, lorsque celui-ci avait une hypothèque, car elle lui est subrogée légalement en vertu

(1) Il faut remarquer, dit M. Beudant, que cette hypothèque ne lui est accordée qu'éventuellement, non pas parce qu'elle s'engage pour le mari, mais pour le cas où, payant pour lui, elle aurait un recours à exercer contre lui ; et si le mari paie de ses deniers, la femme, n'ayant aucun recours à exercer, son hypothèque s'évanouit. (Beudant sous Cass., 11 fév. 67, D. P., 67, 1, 165.)

de l'art. 1251-3°. Ce résultat se produit même quand la femme n'est pas obligée personnellement avec son mari : en effet, si par la subrogation à l'hypothèque légale la femme ne s'engage pas à payer directement la dette de son mari, elle s'engage du moins à l'éteindre à ses dépens ; elle ne s'oblige pas personnellement, mais elle s'oblige, comme nous l'avons dit, à laisser payer la dette avec des deniers qui auraient dû lui être attribués ; il y a donc lieu à subrogation légale à son profit (1).

Mais la femme ne viendra au rang du subrogé que pour la somme restée disponible après que lui-même aura été intégralement payé, au cas où l'hypothèque légale n'aurait pas suffi à le couvrir.

Il peut arriver qu'avant l'ouverture d'un ordre, la créance du subrogé soit éteinte en tout ou en partie. En ce cas, l'hypothèque qui garantissait cette créance, s'il y en avait une, s'éteint naturellement aussi (art. 2180). Quant à l'hypothèque légale, elle n'est pas éteinte : la cession que la femme en avait faite était sous condition résolutoire, elle ne l'avait cédée que pour le cas où elle serait nécessaire au subrogé. Cette condition faisant défaut, la subrogation est rétroactivement anéantie, et la femme exerce son hypothèque comme si la subrogation n'avait pas eu lieu.

Mais que décider au cas où c'est la créance de la femme qui viendrait à s'éteindre totalement ou partiellement ? Ici la solution est moins facile : toutes les causes d'extinction de la créance de la femme produisent-elles leur effet malgré la subrogation ? Si toutes ne le produisent pas, quelles sont celles qui, malgré la subrogation, réagissent sur le sort de l'hypothèque cédée ? Des auteurs considérables pensent que si, pour une cause quelconque, la créance demeurée entre les mains de la femme vient à s'éteindre, l'hypothèque transmise au subrogé doit également et dans

(1) V. Lyon, 4 août 1853 et 11 août 1855, D. P., 57, 2, 127 et Sir., 55, 2, 30 et 687.

tous les cas disparaître (1). Le raisonnement est facile à saisir : si la femme, malgré la subrogation, conserve sa créance, elle en a donc la libre disposition; elle peut l'éteindre par paiement, confusion, compensation ou de toute autre manière; par voie de conséquence, l'hypothèque légale, qui en est l'accessoire, disparaît également.

On ne peut cependant donner une solution aussi générale; il faut, croyons-nous, faire des distinctions : la femme a reçu le paiement de ses reprises, et postérieurement un ordre s'ouvre sur les immeubles du mari; le subrogé prétend se faire colloquer dans cet ordre au rang de l'hypothèque légale, malgré le paiement reçu par la femme. Les créanciers postérieurs en rang veulent, au contraire, empêcher cette collocation par le motif que, la créance de la femme étant éteinte, son hypothèque l'est aussi. Cette prétention des créanciers postérieurs ne nous paraît pas devoir être admise, car permettre ainsi à la femme de recevoir le paiement de sa créance ou d'en faire la remise à son mari au détriment du subrogé, ce serait permettre à l'une des parties de détruire, par sa seule volonté, l'effet d'un contrat. Et cette solution n'est pas en opposition avec le principe que les conventions ne peuvent nuire aux tiers, car les créanciers postérieurs savaient bien, lorsqu'ils ont pris inscription, qu'ils étaient primés par l'hypothèque légale; s'ils se sont contentés du rang que leur donnait leur inscription, ils doivent en subir les conséquences.

Nous ne donnerons pas la même solution au cas où une cause de compensation interviendrait entre le mari et la femme. Dès que les deux créances coexistent et sont l'une et l'autre liquides et exigibles, la compensation se produit *ipso facto* et indépendamment de tout acte de volonté du mari ou de la femme. D'ailleurs, le subrogé a reçu l'hypothèque telle qu'elle se comporte entre les mains de la femme, avec les chances d'extinction qui lui sont inhéren-

(1) Pont, *Priv et hyp.*, nº 483. — Aubry et Rau, § 288 *bis* 4º. — Colmet de Santerre, IX, p. 130. — Thézard, *Priv. et hyp.*, nº 107.

tes; et si l'on peut dire qu'il a été dans l'intention des parties que la femme ne reçût pas son paiement au détriment du subrogé, il serait moins facile de soutenir qu'elles ont voulu, si la compensation survenait, qu'elle ne produisit pas son effet ordinaire. Il suit de là que, dès que la compensation s'est produite, les tiers, c'est-à-dire les créanciers postérieurs, les tiers acquéreurs et le mari lui-même, peuvent invoquer cette cause d'extinction et empêcher la collocation du subrogé.

Il y a d'autres causes d'extinction qui, bien que dérivant d'un acte de volonté de la femme, viendront atteindre l'hypothèque entre les mains du subrogé ; la subrogation ne peut en effet enlever à la femme le droit d'accomplir sans fraude certains actes complexes qui nécessitent une appréciation, peuvent entraîner, suivant les cas, gain ou perte et amener indirectement l'extinction de la créance de la femme. Le subrogé n'a pas dû penser que la femme voulût se dépouiller du droit d'apprécier et de faire un choix, et celle-ci n'a pu avoir une semblable intention.

La femme peut, en conséquence, lorsque la communauté se dissout, l'accepter ou y renoncer. Si elle renonce, son hypothèque légale, qui a frappé tous les conquêts de la communauté, subsiste en entier sur ces conquêts qui deviennent la propriété exclusive du mari et sont censés l'avoir toujours été. Accepte-t-elle, au contraire? Une part de ces conquêts demeure alors sa propriété à elle : elle conserve son hypothèque sur les immeubles tombés au lot du mari, elle la perd sur ceux qui tombent dans son propre lot, parce qu'on ne peut avoir hypothèque sur son propre bien. Cette extinction opère rétroactivement et va frapper l'hypothèque entre les mains du subrogé (1).

(1) C'est une application de l'art. 883, C. civ. En ce sens, Cass., 1er août 1848, qu'on trouvera rapporté en entier dans Bertauld, *De l'Hyp. lég. sur les Conquêts de la Communauté*, sous n° 36. — Cet auteur critique vivement l'arrêt en question : « Est-ce donc, dit-il, « que le cessionnaire d'une créance hypothécaire perd son droit, « quand le cédant devient propriétaire de l'immeuble hypothé-

On trouve une autre application du même principe en cas de stipulation de reprise d'apport franc et quitte (art. 1414, C. civ.). La femme a apporté, par exemple, une somme de 10,000 fr. dans la communauté, en stipulant la reprise de cet apport franc et quitte de toute dette en cas de renonciation. Elle subroge un tiers à son hypothèque légale. Le subrogé sait que la garantie qu'il obtient est conditionnelle comme la créance de la femme, que celle-ci n'aura droit à rien si elle accepte une communauté insolvable, et qu'en tous cas elle n'aura pas d'hypothèque pour sa part de communauté. Il ne peut se plaindre si la condition qui devait donner naissance à la créance de la femme, c'est-à-dire la renonciation à la communauté, ne se produit pas.

Au cas où la femme deviendrait héritière pure et simple

« qué ? » Cet argument, qui paraît frappant au premier abord, est au fond spécieux et sans portée. Il y a entre ce cas et celui qui est visé dans l'arrêt incriminé, une différence profonde, que le savant auteur n'a pas voulu voir.

Le cédant était, lors de la cession, titulaire d'une créance hypothécaire ; il la cède, il n'en est donc plus titulaire, il n'a plus ni créance ni hypothèque. Plus tard, il devient propriétaire de l'immeuble hypothéqué : cela ne peut influer sur la cession, puisqu'il n'a plus l'hypothèque ; il n'a pas, lui cédant, *il n'a jamais eu* hypothèque sur son propre bien.

Il en est autrement dans l'espèce de la femme subrogeante qui accepte la communauté : le partage a un effet rétroactif ; la femme ne *devient* pas, par son acceptation, propriétaire des immeubles tombés dans son lot, *elle l'a toujours été, elle l'était lors de la subrogation* ; donc, lors de la subrogation elle ne pouvait avoir hypothèque sur ces immeubles : elle n'a pu transmettre un droit qu'elle n'avait pas.

A cela s'ajoute d'ailleurs une différence de fait : le cessionnaire n'a pas dû songer, lors de la cession, que le cédant deviendrait propriétaire de l'immeuble hypothéqué, et ce serait un moyen trop facile de frustrer le cessionnaire que de permettre au cédant de faire tomber l'hypothèque en se rendant acquéreur de l'immeuble. Le subrogé a su, au contraire, qu'il acquérait un droit soumis à diverses fluctuations, que les conquêts seraient l'objet d'un partage et que l'hypothèque disparaîtrait rétroactivement sur ceux qui tomberaient au lot de la femme.

8

du mari, il s'opérerait une confusion qui éteindrait la
créance de la femme. La femme a évidemment le droit
d'accepter la succession de son mari ; quel serait l'effet de
la confusion sur l'hypothèque cédée au subrogé ?

Nous croyons qu'il faut faire une distinction : s'agit-il
des rapports entre la femme et le subrogé? Par exemple la
femme devenue par droit de succession propriétaire des
immeubles soumis à l'hypothèque est-elle poursuivie en
vertu de l'action hypothécaire ? En ce cas, la femme ne
pourrait opposer au subrogé la confusion pour refuser le
paiement ou empêcher la saisie : le subrogé et la femme
sont en effet liés par un contrat que l'un et l'autre doivent
observer et que la femme violerait en excipant de la confusion. D'ailleurs, comme le plus souvent le subrogé sera
créancier du mari ou de la femme, il pourrait toujours
saisir à condition d'obtenir un titre exécutoire ; mais l'action hypothécaire est plus avantageuse, puisqu'on a déjà le
titre exécutoire.

S'agit-il au contraire, des rapports entre le subrogé et des
tiers ? Ceux-ci peuvent alors invoquer la confusion, afin de
faire disparaître l'hypothèque légale ; ils ne sont pas liés, en
effet, par le contrat de subrogation, qui est pour eux *res
inter alios acta* et ne peut les empêcher de se prévaloir de
la confusion qui s'est produite *ipso facto* dès que les qualités de créancier et de débiteur se sont trouvées réunies
sur la même tête (1).

La situation est la même lorsque c'est le mari qui devient
héritier pur et simple de la femme (2).

Voici une autre hypothèse fort pratique, où l'extinction
partielle de l'hypothèque entre les mains de la femme réagit
sur la subrogation : le mari de la femme subrogeante était
commerçant lors du mariage ou l'est devenu dans l'année
qui a suivi le mariage ; dans la suite, il tombe en faillite.

(1) Orléans, 16 mai 1849, Sir., 49, 2, 449, Paris, 3 fév. 1855, Sir.,
55, 2, 307, Req., 26 janv. 1853, D. P., 53, 1, 12.
(2) On sait qu'au cas d'acceptation sous bénéfice d'inventaire, la
confusion ne se produit pas (art. 802, C. civ.).

Le subrogé ne pourra exercer l'hypothèque légale que sur les immeubles qui appartenaient au mari au moment du mariage, ou qui lui sont advenus depuis par succession ou par donation entre-vifs ou testamentaire, l'hypothèque n'atteignant pas ceux qu'il a acquis pendant le mariage à titre onéreux (art. 563, C. com.). Ces restrictions apportées par la faillite à l'exercice de l'hypothèque légale sont en effet de la nature de cette hypothèque, elles proviennent directement de la loi, et la subrogation n'y peut rien changer. De même, le subrogé ne pourra exercer l'action hypothécaire que jusqu'à concurrence du chiffre des créances indiquées limitativement par l'art. 563, C. com , les seules créances de la femme qui soient garanties par l'hypothèque en cas de faillite (1).

(1) Puisque nous parlons de l'influence de la faillite du mari sur la subrogation, nous devons dire quelques mots des difficultés que soulève l'art. 446, C. com. Est nulle, d'après cet article, toute hypothèque conventionnelle ou judiciaire, née après la cessation des paiements ou dans les dix jours qui l'ont précédée pour sûreté d'une dette antérieure. Tout le monde s'accorde à dire que cette nullité ne s'applique pas aux hypothèques légales, et cela pour deux motifs : 1° parce que l'art. 446 ne parle que des hypothèques *conventionnelles* ou *judiciaires* ; 2° parce que l'hypothèque légale naît toujours en même temps que les créances qu'elle garantit.

Donc la femme qui, pendant la période suspecte, devient créancière de son mari, par exemple, parce qu'elle a cautionné une dette de celui-ci, acquiert de ce chef une hypothèque légale parfaitement valable, *à moins qu'elle ne connût la cessation des paiements ;* cette restriction est faite par la jurisprudence, par application de l'art. 447. (Poitiers, 16 janv. 1860, D. P., 60, 2, 25, Nancy, 4 août 1860, D. P., 60, 2, 166, Cass., 18 avril 1887, D. P., 87, 1, 155. Ces Cours décident que dans ce cas la femme n'acquérant pas l'hypothèque sur laquelle elle comptait, son engagement doit être annulé.)

Est valable aussi la subrogation à l'hypothèque légale consentie par la femme pendant la même période. La subrogation, en effet, ne change en rien la situation des autres créanciers. (Req., 7 nov. 1848, D. P., 48, 1, 244. Civ., 25 juill. 1860, D. P., 60, 1, 330. Req., 9 déc. 1868, D. P., 69, 1, 5.

Mais voici une question plus délicate : dans la période suspecte,

La subrogation ne met point obstacle à la restriction de
l'hypothèque légale dans les termes de l'art. 2144, C. civ.
Cette faculté que possède le mari de faire restreindre l'hypothèque de sa femme dérive de la loi ; elle est de la nature
de l'hypothèque légale, et la subrogation ne peut la faire
disparaître. Cette opération d'ailleurs, ne nuit pas en
principe au subrogé, car l'art. 2144 veut que, dans tous les
cas, l'hypothèque une fois restreinte porte encore sur des
immeubles *suffisants pour la conservation entière des
droits de la femme*, par suite pour la conservation entière
de la somme à concurrence de laquelle le subrogé pourra
être colloqué. Mais le subrogé peut avoir intérêt à démontrer que les immeubles auxquels on prétend réduire l'hypothèque légale, ne sont pas suffisants pour la conservation
des droits de la femme. Il devra donc être appelé en cause

la femme s'engage comme caution envers un créancier du mari ;
l'engagement est valable, parce que la femme ne connaissait pas la
cessation des paiements ; elle acquiert donc de ce chef une hypothèque légale. Elle subroge en même temps ce créancier du mari à
son hypothèque : la subrogation, qui est valable pour l'hypothèque
légale que la femme possédait déjà, est-elle valable en tant qu'elle
porte sur l'hypothèque acquise grâce à ce cautionnement ?

Après quelques hésitations, la jurisprudence répond négativement, et avec raison, croyons-nous ; elle voit, en effet, dans cette
manière d'agir, un moyen facile d'éluder la loi qui veut qu'une
rigoureuse égalité subsiste entre les créanciers d'un failli, et
qu'aucun d'eux ne soit avantagé aux dépens des autres. Or, la
femme, qui n'avantage pas un créancier *au détriment des autres*
quand elle le subroge à son hypothèque légale antérieurement
acquise, viole évidemment la loi si elle prétend lui céder l'hypothèque légale acquise par l'obligation même qu'elle contracte envers
lui ; elle viole l'art. 446, car elle permet au mari de constituer, par
un moyen détourné, une hypothèque pour dette antérieurement
contractée. Ainsi, même si l'engagement est maintenu comme
n'étant pas contraire à l'art. 447, même si la subrogation est maintenue en tant qu'elle porte sur l'hypothèque légale antérieurement
acquise, cette subrogation doit être annulée en tant qu'elle porte
sur l'hypothèque acquise par suite de l'engagement personnel de
la femme envers le créancier du mari. (Cass., 27 avril 1881, D. P.,
81, 1, 205, 18 av. 1887, D. P., 87, 1, 155.)

pour faire valoir ce qu'il croira utile à la conservation de
ses intérêts ; le jugement rendu ainsi en sa présence lui
serait opposable, sans cela il pourrait le méconnaître
comme *res inter alios judicata*. Le mari peut du reste
renoncer à demander la restriction de l'hypothèque ; mais
on ne pourrait regarder comme une renonciation tacite son
simple consentement donné à la subrogation, si d'autres
circonstances ne la font présumer.

Nous devons maintenant dire quelques mots de la
garantie obtenue par la subrogation en ce qui touche les
intérêts dus au subrogé ; c'est ici une simple application
du droit commun.

D'abord, pour les intérêts échus avant la subrogation,
nul doute que le subrogé ne puisse, lorsqu'il prend l'inscription requise par l'art. 9, les comprendre en totalité
dans cette inscription et se faire colloquer pour la totalité
au rang que lui donne la subrogation ; cela, du reste, sans
distinguer si la créance de la femme est ou n'est pas pro-
ductive d'intérêts, car l'hypothèque légale est affectée
jusqu'à épuisement de la créance de la femme, à la garantie de la créance du subrogé, laquelle se compose lors
de la subrogation du capital et de tous les intérêts échus.

Quant aux intérêts non encore échus à ce moment, on
doit appliquer l'art. 2151 : par suite, le subrogé pourra se
faire colloquer au rang de la femme pour deux années et
l'année courante (1). C'est, en effet, en vertu du droit
hypothécaire seul que le subrogé peut réclamer ces intérêts,

_____

(1) Cass., 17 nov. 1879, D. P., 80, 1, 380 et 27 jan. 85, Sir., 86, 1, 109.
Ces deux années sont deux années quelconques. L'année
courante commence à la dernière échéance ; elle finit au jour de la
notification à fin de purge, s'il s'agit de vente amiable, et, s'il
s'agit de vente sur saisie, au jour du jugement d'adjudication suivant plusieurs arrêts (Cass., 30 juill. 1873, D. P., 74, 1, 106, 6 mai
78, D. P., 79, 1, 87, 7 av. 1880, D. P., 80, 1, 209) ; au jour *de la
transcription* du jugement d'adjudication, suivant un arrêt plus
récent. (Cass., 4 mai 1891, D. P., 92, 1, 9, Sir., 91, 1, 373.)

c'est en vertu de l'inscription seule qu'il peut l'opposer aux tiers, c'est-à-dire en conformité de l'art. 2151.

Nous avons déjà dit que la femme est, dans certains cas, subrogée légalement aux droits et actions de son subrogé, en vertu de l'art. 1251-3°. La femme qui a droit ainsi à la subrogation peut-elle invoquer l'art. 2037 et faire déclarer le subrogé déchu, lorsqu'il n'a pas conservé les droits et actions qu'il avait contre le mari ? Elle le peut incontestablement, lorsqu'elle est caution du mari. Il n'en serait pas de même si, obligée solidairement avec son mari, elle n'était réputée caution qu'en vertu de l'art. 1431, C. civ. ; dans ce cas, en effet, ce n'est qu'à l'égard du mari qu'elle est réputée n'être obligée que comme caution, l'art. 1431 le dit formellement ; mais à l'égard du subrogé elle est une débitrice solidaire ordinaire.

La femme ne peut donc invoquer l'art. 2037, que si elle n'est pas obligée avec son mari, ou si, en s'obligeant, elle a déclaré ne s'engager que comme caution. Elle ne pourrait pas, d'ailleurs, se plaindre de ce que le subrogé aurait laissé périr des droits qu'il n'avait pas lors de la subrogation, car la femme n'a point pu les avoir en vue, et ils n'ont pas influé sur sa détermination.

Nous n'avons pas supposé jusqu'à présent que la femme, en cédant son hypothèque, eût fait des restrictions, soit quant aux immeubles sur lesquels elle porte, soit quant à l'étendue des sommes garanties. Ces deux hypothèses peuvent cependant se présenter.

Voici d'abord une femme qui, ayant des reprises au chiffre de 20,000 fr., a déclaré subroger à concurrence de 10,000 fr. seulement ; le montant total de la collocation obtenue par l'hypothèque légale n'atteint que 10,000 fr. Comment cette somme sera-t-elle attribuée ? Les règles de la subrogation ordinaire des art. 1249 et suivants, ne sont pas applicables, nous l'avons dit : on ne doit donc pas invoquer l'art. 1252, pour affecter ces 10,000 fr. à la femme de préférence au subrogé ; elle ne doit pas davantage venir en concours avec lui (1). La femme et le subrogé ont entendu opérer un transport de l'hypothèque entière pour garantie d'une somme de 10,000 fr. Donc, tant que le subrogé ne sera pas entièrement payé de cette somme, l'hypothèque légale doit servir à les lui assurer, et si l'hypothèque, produisant son plein et entier effet, ne peut donner que 10,000 fr., ils doivent être attribués en totalité au subrogé, sans que la femme puisse rien réclamer.

Si, employant une autre restriction, la femme avait déclaré ne subroger qu'à concurrence de la moitié, du tiers, etc... de ses reprises, que devrait-on décider en cas de conflit ? Il est assez difficile de donner une solution générale : nous croirions, cependant, que la femme, en subrogeant à concurrence de la moitié de ses reprises, a entendu non pas affecter la totalité de son hypothèque au paiement d'une somme égale à la moitié de sa créance, mais simplement affecter la moitié du produit de son hypothèque au paiement total ou partiel de la créance du subrogé.

Il peut arriver que la femme subroge à son hypothèque légale en tant qu'elle porte sur tel immeuble déterminé ; en ce cas, la collocation attribuée à la femme sur le prix de cet immeuble serait affectée en entier au paiement du subrogé, la femme pouvant se faire colloquer au même rang sur les autres immeubles pour le reste de la créance, déduction faite de la somme touchée par le subrogé. C'est

(1) Le concours pourrait être soutenu au cas où la femme aurait cédé sa créance à concurrence de 10,000 fr., car elle pourrait dire qu'elle est dans la même situation que si, ayant deux créances de de 10,000 fr., elle en avait cédé une, qu'il y a en présence deux créanciers égaux en rang qui doivent concourir. Le subrogé répondrait sans doute qu'il n'y a point là une cession de créance ordinaire, qu'il a entendu obtenir une garantie hypothécaire s'élevant à 10,000 fr., et que la femme ne peut empêcher l'exécution d'un contrat librement consenti. Peut-être le subrogé n'aurait-il pas tort ; ce serait une question de fait.

ce qui se présentera en pratique, en cas de renonciation au profit d'un acquéreur d'immeubles soumis à l'hypothèque légale.

Ce qui est vrai de la femme l'est aussi des personnes qu'elle se substitue, par exemple, des cessionnaires de sa créance, ou des nouveaux subrogés. Ni les uns ni les autres ne pourront rien obtenir avant que le premier subrogé n'ait reçu la somme à laquelle il a droit en vertu de la subrogation ; ils ne peuvent avoir plus de droit que la femme elle-même.

D'après ce principe, lorsque la femme a subrogé un créancier à concurrence d'une certaine somme, le cessionnaire ou le subrogé postérieurs ne pourraient empêcher le premier subrogé d'affecter en totalité cette somme au paiement de sa créance. Vainement prétend-on que ce sont là des ayants-cause à titre particulier, qui ne sont pas tenus des obligations personnelles de la femme, et notamment de son obligation de garantie envers le premier subrogé (1) ; il n'en est pas moins vrai que la femme a cédé un droit réel ou une portion de droit réel, et qu'il ne peut appartenir à des cessionnaires postérieurs de concourir avec le premier subrogé, sur cette portion antérieurement cédée, parce que la femme ne le pourrait pas elle-même. Elle n'a pas pu leur céder un droit réel qu'elle n'avait plus.

Le subrogé ne peut, avant la séparation de biens ou la dissolution du mariage, exercer les droits de la femme, car celle-ci ne le pourrait pas elle-même. Cependant, si un ordre venait à s'ouvrir sur le prix d'un immeuble grevé de l'hypothèque légale, soit ensuite d'expropriation, soit ensuite de vente volontaire, la femme pourrait se faire colloquer à son rang pour ses créances actuellement nées et ne dépendant plus d'aucune condition (2), sauf à assurer au mari l'usufruit auquel il a droit : le subrogé qui est substi-

(1) Bertauld, nos 169 et suiv.
(2) Par exemple pour la dot à elle constituée, pour les dettes payées par elle à l'acquittement de son mari.

tué aux droits de la femme, peut agir de même, en respec-
tant également l'usufruit du mari. En cas de faillite ou de
déconfiture du mari, la femme qui a cautionné un engagement de celui-ci peut, en vertu de l'art. 2032-2°, obtenir
une collocation, non pas éventuelle, mais actuelle et définitive, pour le montant de ce cautionnement, et, si elle a
cédé son hypothèque légale au créancier, celui-ci peut
obtenir en ce cas la même collocation. Mais la Cour de
Grenoble a décidé que la femme n'aurait pas cette faculté,
si elle était mariée sous le régime dotal avec constitution
générale de dot, car, bien que son engagement soit valable,
il ne peut en ce cas être exécuté sur aucun des biens qu'elle
acquiert pendant la durée du mariage : par suite, l'éven-
tualité de payer, qui, en cas de déconfiture du débiteur
principal, se change en une quasi-certitude, et qui a inspiré
l'art. 2032 n'existe pas ici et ne saurait permettre à la
femme d'exiger une collocation (1).

Quant aux créances encore soumises à l'évènement d'une
condition, un gain de survie par exemple, la femme et le
subrogé pourraient obtenir une collocation provisoire qui
tomberait au cas où la condition ne se réaliserait pas.
MM. Aubry et Rau admettent au même cas, pour les créanciers postérieurs, le droit de demander la distribution de
ces sommes à leur profit, en offrant une hypothèque suffisante pour en garantir la restitution éventuelle (2).

On sait que la prescription de l'action hypothécaire ne
peut s'accomplir contre la femme pendant la durée du

(1) Grenoble, 16 déc. 1882, D. P., 83, 2, 242. — Cet arrêt s'inspire
évidemment de l'esprit de la loi; mais il est permis de se demander
s'il en respecte suffisamment le texte.
(2) Aubry et Rau, § 205. Ces auteurs font encore remarquer que
la position du subrogé peut en certains cas être meilleure que celle
de la femme : « Ainsi, disent-ils, les subrogés sont, même hors du
« cas de séparation de biens, autorisés à toucher immédiatement
« les collocations actuelles obtenues du chef de la femme. » Mais
au moins faudrait-il ajouter que le subrogé devra respecter l'usufruit du mari, sans quoi cette proposition serait fort contestable.

mariage, parce que cette action exercée contre un tiers détenteur, rejaillirait contre le mari (art. 2256-2°). On serait tenté de dire qu'il n'en est pas de même lorsqu'il y a un subrogé, lequel n'est pas tenu, envers le mari, aux mêmes ménagements. Mais on n'aboutirait ainsi à aucun résultat pratique, car lorsque le subrogé ne pourrait plus exercer l'action qu'on déclarerait prescrite à son égard, la femme à qui la prescription ne pourrait être opposée l'exercerait, et le subrogé se ferait abandonner le produit de la collocation. Mais si l'hypothèque légale avait été purgée au regard de la femme, sans l'être à l'égard du subrogé, celui-ci se trouvant seul en face du tiers détenteur, la prescription de l'action hypothécaire courrait utilement contre lui.

§ II. — CESSION DE RANG

La cession de rang est un contrat par lequel un créancier hypothécaire cède à un autre créancier hypothécaire le rang qu'il aurait le droit d'occuper dans l'ordre ouvert sur le prix de l'immeuble soumis à ces deux hypothèques.

La cession de rang ne peut avoir lieu qu'au profit d'un créancier hypothécaire ; le rang de l'hypothèque est, en effet, une qualité qui ne peut subsister sans un sujet auquel il se rattache. Mais c'est là tout ce qu'il faut conclure de ce caractère du rang hypothécaire : il ne faut pas en déduire que le rang ne puisse être séparé de l'hypothèque. M. Bertauld le soutient, cependant, en se fondant sur cette idée que le rang est une qualité de l'hypothèque et qu'on ne peut le séparer de son sujet ; et naturellement le rang n'allant pas sans l'hypothèque, l'hypothèque n'allant pas sans la créance, il se trouve dans cette opinion que la cession de rang emporte cession d'hypothèque, cession de créance et par suite de toutes les autres garanties de cette créance, en vertu de l'art. 1692. Ainsi, voilà un créancier qui dit à un autre : Je vous cède mon rang, et qui se trouve avoir cédé sans s'en douter sa créance, ses cautions, ses hypothèques, son gage, en un mot toutes les sûretés qu'il pouvait posséder. Ce résultat condamne le principe ; nous n'insisterons donc pas sur cette opinion, pas plus que sur les dangers que voit M. Berlauld dans la cession du rang séparé de l'hypothèque : il craint que la femme, après avoir cédé son rang sur un immeuble, ne le cède à d'autres créanciers sur d'autres immeubles et ne fasse ainsi produire à son hypothèque plusieurs fois la même collocation. Nous avons déjà démontré l'inanité de ces craintes à propos de la cession de l'hypothèque séparée de la créance.

Celui qui cède son rang ne cède donc que son rang : il conserve et sa créance et son hypothèque. En voici les conséquences : pour obtenir une cession de rang, il faut être déjà créancier hypothécaire, et pour venir au rang ainsi obtenu, il faut que le cessionnaire ait conservé son hypothèque ; il exerce, en effet, sa propre hypothèque munie d'un nouveau rang (1). Si donc, au moment où s'ouvre l'ordre, le cessionnaire a laissé périr son hypothèque, soit qu'elle soit prescrite, soit qu'il n'ait pas renouvelé l'inscription en temps utile, soit qu'il en ait donné main-levée, la cession sera considérée comme non avenue, la femme reprendra son rang. Tous les intéressés, c'est-à-dire les créanciers hypothécaires postérieurs à la femme, les tiers détenteurs, le mari et ses créanciers chirographaires, enfin la femme et ses ayants-cause peuvent faire écarter le cessionnaire.

L'ordre ouvert, la cession de rang produit des effets semblables à ceux de la subrogation, le cessionnaire prendra la place de la femme et exercera à ce rang sa propre hypothèque : la collocation qu'il touche, il l'obtient grâce au rang de la femme ; celle-ci, par suite, ne pourra plus obtenir à ce même rang, même sur des immeubles différents que le surplus de sa créance, déduction faite de la somme touchée par le cessionnaire.

Il faut appliquer au cas de cession partielle de rang ce

(1) Aubry et Rau, § 288.

que nous avons déjà dit des cessions partielles de l'hypothèque légale. Le cessionnaire du rang sur tel immeuble
pourra se faire colloquer au rang de la femme sur cet immeuble pour la totalité de sa créance, ou du moins pour
ce que la femme elle-même aurait obtenu. Le cessionnaire
du rang pour moitié des reprises obtiendra, non pas la
moitié de sa créance, mais toute sa créance à concurrence
de la moitié du produit de l'hypothèque. Le cessionnaire
du rang pour une certaine somme sera colloqué sur tous
les immeubles et jusqu'à épuisement des reprises de la
femme tant qu'il n'aura pas obtenu cette somme. Mais il
faut, bien entendu, et dans tous les cas, que son hypothèque
à lui garantisse une somme au moins égale à celle dont il
demande collocation, puisque c'est sa propre action hypothécaire qu'il exerce.

La somme touchée par le cessionnaire viendra toujours
en déduction des sommes dues à la femme. Celle-ci pourra
se faire colloquer au rang qu'avait antérieurement le cessionnaire en vertu de son hypothèque conventionnelle, et
si ce dernier était un créancier du mari, ce qui sera le cas
le plus fréquent pour ne pas dire unique, elle obtiendra
une nouvelle hypothèque légale remontant au jour de la
cession de rang, par application de l'art. 2135-2°, al. 3.

Quand le cessionnaire n'a pas été colloqué pour la totalité
de sa créance au rang de l'hypothèque légale, il conserve
pour le surplus la place que lui assignait son hypothèque
conventionnelle. Réciproquement, lorsque, pour une cause
quelconque, il ne peut exercer son hypothèque au rang
de la femme, celle-ci reprend sa place qu'elle n'avait bien
évidemment cédée que pour le cas où le cessionnaire pourrait l'utiliser.

Indépendamment des causes d'extinction provenant du
cessionnaire lui-même, comme la perte de sa créance ou
de son hypothèque, la cession de rang peut encore être
privée d'effet par suite de causes provenant du chef de la
femme : nous avons étudié ces diverses hypothèses à propos
de la subrogation proprement dite, nous n'y reviendrons pas.

§ III. — Promesse d'abstention

Par la promesse d'abstention, la femme s'engage envers un tiers à ne point exercer son hypothèque légale en tant que cet exercice nuirait à celui à qui elle fait cette promesse. Ce contrat ne se rapproche donc de la subrogation que parce que la femme perd en certains cas le bénéfice de son hypothèque légale, afin qu'un tiers puisse venir en rang utile ; mais elle ne cède ni son hypothèque ni son rang, puisqu'elle s'oblige simplement à ne point se servir de son hypothèque, lorsque cette mise en œuvre serait préjudiciable au bénéficiaire de la promesse d'abstention. Il n'y a donc aucune différence entre la promesse d'abstention et la renonciation dite extinctive. Nous allons passer rapidement en revue les effets de ces conventions, qui ne sont qu'une seule et même chose sous deux noms différents (1).

La promesse d'abstention n'a d'utilité vraie que si elle est consentie à un créancier hypothécaire du mari ; faite à un créancier chirographaire, elle ne présenterait qu'une sûreté fort aléatoire. Lorsque le créancier hypothécaire qui s'est attiré cette promesse est le premier inscrit après la femme, les effets du contrat sont fort simples : ainsi ce créancier a une créance de 10,000 fr. et le prix en distribution est de 20,000 fr. ; la femme a des reprises s'élevant au chiffre de 20,000 fr. Elle devra s'abstenir, car elle absorberait, à elle seule, tout le prix à distribuer, si elle requérait collation à son rang ; mais comme le créancier ne prend que 10,000 fr., il reste pareille somme qui revient à la femme.

Supposons que le prix à distribuer atteigne le chiffre de

(1) Nous avons déjà dit que la renonciation à l'hypothèque légale n'est en général autre chose qu'une subrogation. Lorsqu'elle est extinctive elle se confond avec la promesse d'abstention.

30,000 fr. ; l'exercice de l'hypothèque légale ne nuit en rien au créancier, puisqu'il sera entièrement payé même après que la femme aura été désintéressée : celle-ci n'aura donc pas à s'abstenir.

La solution n'est pas toujours aussi facile, lorsque le bénéficiaire de la promesse d'abstention n'est pas le premier en rang après la femme et qu'il y a entre elle et lui d'autres hypothèques. Nous devons examiner des espèces.

La femme a des reprises s'élevant à 30,000 fr. ; un créancier postérieur a une créance de 40,000 fr. ; un autre qui vient en dernier lieu en a une de 30,000 fr. ; c'est à celui ci que la femme consent une promesse d'abstention. La somme à distribuer n'est que de 70,000 fr. Si la femme ne s'abstenait pas, sa créance jointe à celle du second créancier absorberait la totalité du prix, le troisième créancier n'aurait rien. Elle devra donc s'abstenir et le second créancier prenant 40,000 fr., le troisième sera entièrement payé.

Si le troisième créancier n'avait droit qu'à 10,000 fr., au lieu de 30,000 fr., la femme pourrait se faire colloquer pour 20,000, et s'abstiendrait seulement pour 10,000, car ce n'est que dans cette mesure que son hypothèque serait nuisible au bénéficiaire de la promesse d'abstention.

Autre hypothèse : au lieu de 70,000 fr. le prix à distribuer n'atteint que 40,000 fr. Si la femme s'abstenait, le créancier intermédiaire prendrait la totalité de la somme et le troisième créancier n'aurait rien Il ne peut donc pas exiger l'abstention qui lui serait inutile et qui ne profiterait qu'à un tiers non partie au contrat. La femme ne s'abstiendra donc pas : elle prendra ses 30,000 fr., et les 10,000 fr. restant profiteront au second créancier.

Supposons, enfin, que le prix mis en distribution soit de 50,000 fr. Si la femme ne s'abstient pas, elle prendra 30,000 fr., le second créancier 20,000, et le troisième n'a rien. Si elle s'abstient, le second créancier prendra 40,000 francs, et il en restera 10,000 pour le troisième. L'abstention, il est vrai, serait utile à celui-ci, mais celui qui en profiterait le plus serait le second en rang qui n'y a aucun droit.

Dira-t-on que la promesse d'abstention n'étant que relative ne pourra être invoquée que par le troisième créancier, qui montera ainsi au premier rang et se fera colloquer pour 30,000 fr. ? Ce serait une solution fort raisonnable : mais alors c'est une véritable subrogation ou tout au moins une cession de rang et non plus une simple promesse d'abstention. Or, c'est sur une promesse d'abstention que nous raisonnons : la solution doit être celle-ci. La promesse d'abstention ne peut profiter au créancier intermédiaire : tout doit donc se passer entre la femme et le troisième créancier. La femme dira donc à celui-ci : Vous pourriez exiger que je m'abstienne, car mon abstention vous procurerait 10,000 fr. ; c'est donc 10,000 fr. auxquels vous avez droit ; si vous les obtenez, vous ne pouvez rien exiger de plus. Eh bien, je vais faire valoir mon hypo-thèque : je serai colloquée pour 30,000 fr. Sur cette somme, vous prendrez les 10,000 fr. que vous toucheriez si je m'abstenais et le second créancier aura 20,000 fr. On arrive ainsi au même résultat que si la femme s'était abstenue, et cependant la promesse d'abstention a laissé intacte la position du créancier intermédiaire.

Nous avons supposé que le bénéficiaire de la promesse d'abstention ou renonciation extinctive, était un créancier hypothécaire du mari. Il pourrait arriver qu'il fût un créancier chirographaire, bien qu'un tel contrat ne lui procure, nous l'avons dit, qu'une sûreté aléatoire (1). Dans ce cas, que se passera-t-il ? La femme s'est engagée à ne pas faire valoir son hypothèque en tant que cela nuirait à ce créancier. Plusieurs cas peuvent se présenter : ou bien le prix en distribution est entièrement absorbé par d'autres créan-

(1) On pourrait supposer, pour rendre l'hypothèse plus pratique, que le bénéficiaire de la promesse d'abstention a laissé périr son hypothèque, de sorte qu'il se trouve réduit au rang de créancier chirographaire.

ciers hypothécaires ; alors la femme fera valoir son hypothèque, parce que son abstention ne profiterait nullement
au créancier chirographaire. Ou bien les autres hypothèques étant colloquées, il resterait encore, à supposer que
la femme s'abstienne, une somme disponible. La femme
s'abstiendra de faire valoir son hypothèque et viendra en
concours avec le bénéficiaire de la renonciation sur la
somme ainsi rendue disponible. Ainsi, le prix à distribuer
est de 20,000 fr. La femme est créancière de 10,000 fr. et
il y a une autre hypothèque de 10,000 fr. et un créancier
chirographaire pour 10,000 fr. La femme s'abstenant, le
créancier hypothécaire prendra 10,000 fr. et sur les 10,000
restant la femme en prendra 5,000 et le créancier chirographaire 5,000. S'il y avait d'autres créanciers chirographaires, la part du bénéficiaire de la renonciation serait
diminuée et celle de la femme augmentée ; la femme, en
effet, ne sera tenue, comme nous l'avons vu, que de lui
fournir sur sa collocation la somme qu'il aurait touchée, à
supposer qu'elle se fût abstenue.

A l'égard de la femme, la promesse d'abstention peut
avoir des effets analogues à ceux de la subrogation ; lors,
en effet, que la femme se sera engagée pour le mari, elle
aura, du jour de cet engagement, et pour le cas où elle en
souffrirait, une créance hypothécaire en vertu de l'art. 2135-
2°. Elle conserve en outre sa créance primitive devenue
chirographaire, puisqu'elle n'a pas exercé son droit hypothécaire lorsque cela était nécessaire. Elle est enfin subrogée légalement aux droits du bénéficiaire de la promesse
d'abstention en vertu de l'art. 1251-3°.

CHAPITRE III

Capacité requise pour subroger

« La loi actuelle, disait le rapporteur, n'a pas eu pour
« but de modifier en quoi que ce soit la législation rela-
« tive aux droits de la femme mariée en matière de ces-
« sion ou de renonciation à une hypothèque légale. » Ainsi
il n'existe pas de règles particulières à la subrogation en
ce qui concerne la capacité de la femme : c'est aux principes généraux qu'il faut se reporter.

D'après le droit commun, la femme autorisée de son
mari est capable pour consentir toutes sortes de conventions, pour vendre, aliéner et hypothéquer tous ses biens.
Exceptionnellement, la femme soumise au régime dotal ne
peut, même avec l'autorisation de son mari, aliéner ni
hypothéquer pendant la durée du mariage les immeubles
constitués en dot, sauf dans certains cas déterminés
(art. 1555 à 1559). Par suite, la femme *majeure*, mariée
sous le régime de communauté, sous le régime sans communauté ou sous le régime de séparation de biens, peut
valablement, avec l'autorisation de son mari ou de justice,
subroger à son hypothèque légale (1).

Il en est de même pour la femme mariée sous le régime
dotal, en tant que l'hypothèque garantit ses reprises para-
phernales. La femme dotale ne peut, au contraire, subro-

---

(1) La femme mineure n'étant qu'émancipée par le mariage, ne
peut, croyons-nous, subroger à son hypothèque légale sans se
conformer à l'art. 457, C. civ., car c'est là un acte de disposition
qui rentre dans la catégorie de ceux que l'art. 484, C. civ., interdit
aux mineurs émancipés.

La loi du 27 fév. 1880, art. 4, décide, il est vrai, que le mineur
émancipé par le mariage peut aliéner ses meubles incorporels avec
la seule assistance de son curateur, du mari s'il s'agit de la femme;

9

ger à son hypothèque légale en tant qu'elle forme la sûreté de sa dot immobilière : ne pouvant l'aliéner ni l'hypothéquer, elle ne peut aliéner l'hypothèque qui en assure la restitution. La loi donne, dans certains cas, à la femme le droit d'aliéner sa dot, soit avec la seule autorisation de son mari ou de justice (art. 1555-1556), soit avec l'accomplissement de certaines formalités (art. 1558) ; il est admis que dans ces mêmes cas la femme qui peut aliéner ses immeubles dotaux peut les hypothéquer. La faculté d'hypothéquer doit entraîner celle de céder l'hypothèque légale ; la Cour de cassation a reconnu que la faculté accordée à la femme de donner ses biens pour l'établissement de ses enfants renferme celle d'emprunter, d'hypothéquer *et de renoncer à son hypothèque légale* pour le même objet.

Il faut cependant reconnaître que la subrogation à l'hypothèque légale est une opération plus dangereuse qu'une aliénation ou qu'une constitution d'hypothèque, car elle peut entraîner la perte de la dot tout entière ; aussi la jurisprudence n'admet-elle pas que la femme dotale qui s'est réservée par contrat de mariage la faculté d'aliéner ses biens dotaux, puisse, en vertu de cette clause, subroger à son hypothèque légale ; elle considère que les dérogations conventionnelles à la loi doivent toujours être interprétées restrictivement (1). Mais la femme peut toujours, dans son contrat de mariage, se réserver expressément la faculté non seulement d'aliéner et d'hypothéquer ses biens dotaux, mais encore de céder son hypothèque légale : ces conventions n'ont rien d'illicite.

Nous n'avons parlé que de l'hypothèque garantissant la dot immobilière, et il faut reconnaître que c'est la por-

et la Cour de cassation admet cette faculté même pour la cession d'une créance hypothécaire. Mais ne faut-il pas établir une différence entre la cession de créance, qui présente un prix formant la contre-partie de l'objet aliéné, et la subrogation, qui n'en présente pas ?

(1) Cass., 16 déc. 1856, D. P., 56, 1, 433, 4 juin, 66, D. P., 66, 1, 321, 2 juill. 1866, D. P., 66, 1, 322.

tion de l'hypothèque légale de beaucoup la moins importante. Les solutions doivent-elles être les mêmes en ce qui concerne la dot mobilière ?

Nous ne pouvons rééditer ici la célèbre querelle touchant l'aliénabilité ou l'inaliénabilité de la dot mobilière ; une jurisprudence, vieille bientôt d'un siècle, l'a tranchée en faveur de l'inaliénabilité. La doctrine, il est vrai, s'accorde à dire cette solution contraire aussi bien à l'esprit qu'au texte du Code civil ; mais, à tort ou à raison, cette jurisprudence est établie et ne paraît pas devoir changer ; nous devons donc partir de ce principe que la dot mobilière est inaliénable. Quelles en sont les conséquences ?

Les conséquences que la jurisprudence tire de son principe sont assez étranges, il faut l'avouer. La dot mobilière n'est point inaliénable pour le mari : s'il s'agit, en effet, d'une somme d'argent ou de tout autre objet consomptible par le premier usage, le mari en devient propriétaire par suite de son droit d'usufruit. S'il s'agit d'objets mobiliers non fongibles, le mari peut les aliéner en vertu de son pouvoir d'administration, parce qu'une bonne administration exige souvent que l'on aliène des meubles dispendieux à à conserver ou sujets à dépérir.

C'est donc pour la femme seule que la dot mobilière est inaliénable. Mais, comme le mari, lui, peut l'aliéner, cette proposition : la dot mobilière est inaliénable se réduit à celle-ci plus exacte : la femme ne peut subroger à son hypothèque légale qui garantit la restitution de cette dot. Il semble qu'après la séparation de biens la femme qui succède au mari dans tous ses pouvoirs d'administration devrait pouvoir, comme lui, aliéner ses meubles dotaux : mais la jurisprudence ne l'admet pas. Donc, pas plus après la séparation de biens qu'avant, la femme ne peut céder son hypothèque légale (1).

(1) Cass. 23 déc. 1839, D. P., 40, 1, 1, 14 nov. 1846, D. P., 47, 1, 27, 12 mars 1866, D. P., 66, 1, 178, 8 fév. 1870, D. P., 70, 1, 246, 27 av. 1880, D. P., 80, 1, 431, 4 juil. 1881, D. P., 82, 1, 194.

La femme peut-elle, en dehors du régime dotal, s'interdire d'aliéner ses biens et par suite de subroger à son hypothèque légale ? Aucun texte n'interdit de prendre, dans les divers régimes prévus par la loi, telle ou telle clause seulement sans en adopter toutes les règles. Il n'y a donc rien d'illicite à prendre dans le régime dotal la clause d'inaliénabilité pour la joindre à un autre régime. On l'a nié : l'inaliénabilité, dit-on, vue avec défaveur par la loi, ne doit pas être étendue en dehors des cas prévus par elle ; ce motif nous paraît faible : s'il est permis à une femme de rendre ses biens inaliénables en disant : j'adopte le régime dotal, il doit lui être permis de le faire sans adopter ce régime. Si donc la femme avait ainsi déclaré inaliénable une partie de sa fortune, elle ne pourrait, dans la même mesure, subroger à son hypothèque légale.

Si, malgré l'incapacité de subroger, la femme dotale avait consenti une subrogation, la nullité pourrait être demandée dans les termes de l'art. 1560 C. civ., c'est-à-dire par le mari pendant le mariage, alors même qu'il aurait donné son autorisation, par la femme après la séparation de biens, par la femme ou ses héritiers après la dissolution du mariage, sans que la prescription de l'action en nullité puisse courir pendant le mariage.

La nullité pourrait être demandée également par les créanciers chirographaires de la femme, par les créanciers hypothécaires ou chirographaires du mari, au cas où ils y auraient intérêt, et par les subrogés postérieurs.

Si le contrat de mariage stipulant la dotalité venait à être annulé, la femme recouvrant rétroactivement sa capacité d'aliéner, la subrogation consentie par elle au mépris de ce contrat recevrait son plein et entier effet.

Après la dissolution du mariage, la femme reprend sa capacité et, de même qu'elle peut alors valablement aliéner ses biens dotaux, de même elle peut céder l'hypothèque qui en assure la restitution.

CHAPITRE IV

Formes de la Subrogation

§ I. — SUBROGATION EXPRESSE ET TACITE

La subrogation à l'hypothèque légale peut être expresse ou tacite.

Elle est expresse lorsque la femme a déclaré *expressis verbis* subroger ou renoncer à son hypothèque légale. Mais il n'est pas nécessaire qu'elle ait employé pour cela les expressions : je subroge, je renonce, je cède mon hypothèque ou mon rang ; toute expression équivalente produira le même effet ; il vaut mieux cependant employer les expressions propres pour éviter toute contestation.

La subrogation est tacite lorsque l'intention de subroger résulte des actes de la femme, de la part qu'elle prend au contrat sans rien stipuler relativement à son hypothèque. Il faut, pour qu'un acte de la femme soit interprété comme subrogation tacite à son hypothèque, qu'il ne puisse pas s'interpréter autrement, que la femme en s'obligeant ait eu nécessairement l'intention de subroger.

Ainsi quand la femme, lors de la vente d'un immeuble du mari, prend part à la vente en qualité de garante, elle est censée avoir renoncé à son hypothèque en faveur de l'acquéreur, parce qu'en sa qualité de garante elle ne peut rien faire qui soit de nature à nuire à l'acquéreur, elle ne peut contribuer à son éviction. Mais elle n'est pas présumée avoir voulu subroger l'acquéreur à son hypothèque sur les autres immeubles du mari, car cette intention ne résulte pas de la part qu'elle prend au contrat. Si la femme consent à ce que l'acquéreur paie son prix entre les mains du mari, elle le subroge par là même à son droit de de préférence sur le prix.

La femme qui s'oblige envers un créancier chirographaire de son mari est-elle réputée subroger ce créancier à son hypothèque légale ? Nous ne le croyons pas, ou du moins n'y a-t-il pas de subrogation à l'hypothèque en général : elle engage évidemment l'émolument de son hypothèque légale comme tous ses autres biens en vertu de l'art. 2092 C. civ., mais elle ne prétend constituer aucun droit de préférence sur cet émolument. L'intention de subroger ne résulte pas nécessairement de l'acte.

Mais il faut remarquer que la femme qui s'oblige avec son mari acquiert de ce chef une hypothèque légale qui prend rang au jour de l'obligation, et qui est destinée à la garantir pour le cas où elle devrait payer le créancier du mari. Cette hypothèque-là est en somme destinée à payer ce créancier ; il est donc naturel de croire que la femme en s'obligeant a l'intention de la lui céder. Le créancier exercera directement l'action hypothécaire, et l'on arrivera d'une façon plus simple au même résultat que si la femme, après avoir désintéressé le créancier, exerçait ensuite l'hypothèque (1).

Lorsque le créancier envers qui la femme s'oblige est un créancier hypothécaire du mari, il y a subrogation tacite en sa faveur, mais seulement sur l'immeuble soumis à l'hypothèque conventionnelle, et cela à une condition : c'est que l'hypothèque conventionnelle soit constituée par le même acte par lequel la femme s'oblige personnellement (2).

(1) En cas de déconfiture du mari, le créancier pourra donc se faire colloquer définitivement au rang de cette hypothèque légale en vertu de l'art. 2032, C. civ.

(2) La jurisprudence est dès longtemps fixée en ce sens : Paris, 20 juin 1812, 15 janv. 1813, Caen, 15 juil. 1840, Dall. J.-G., v° Priv. et Hyp. n° 961, Paris, 8 av. 54, D. P., 54, 2, 112, Cass., 14 mars 1865, D. P., 65, 1, 120.

Alors, en effet, la femme présente à l'acte constitutif d'hypothèque conventionnelle, consentant à cette constitution, est à juste titre présumée s'engager à ne rien faire qui puisse empêcher cette hypothèque de sortir effet, et céder dans ce but son hypothèque, ou tout au moins, son rang hypothécaire sur l'immeuble soumis à l'hypothèque conventionnelle. Mais lorsque cette hypothèque a été constituée dans un acte antérieur à celui par lequel la femme s'oblige, on ne peut prêter à celle-ci l'intention de garantir l'effet d'une hypothèque dont elle ignore peut-être l'existence.

La femme condamnée solidairement avec son mari n'est point censée subroger le créancier, car il n'y a de sa part aucune manifestation d'une intention semblable, aucune volonté de confirmer l'hypothèque conférée par le jugement. Le créancier aura, il est vrai, une hypothèque judiciaire sur tous les biens de la femme, mais il ne deviendra pas propriétaire de l'hypothèque légale, sur l'émolument de laquelle il concourra au marc le franc avec les autres créanciers de la femme (1).

La femme qui accepte la communauté est-elle présumée céder aux acquéreurs d'immeubles de la communauté son hypothèque sur ces immeubles? Nous répondrons affirmativement, non pas, comme on l'a dit, parce que la femme qui accepte la communauté ratifie par là les actes de son mari : le mari a vendu les immeubles communs en sa qualité de chef de la communauté ; il a agi dans la plénitude de son droit, ses actes n'ont pas besoin de ratification ; mais la femme qui accepte la communauté en accepte les obligations, et parmi celles-ci l'obligation de garantie con-

_____

(1) La Cour de cassation, dans un arrêt déjà ancien (22 nov. 1836), décide qu'une femme qui se remarie subroge par là même tacitement à son hypothèque légale sur les biens de son second mari, ses enfants du premier lit. Il est impossible d'approuver cette décision : il n'y a pas là une manifestation quelconque de volonté. (V. en ce sens Bertauld, n° 71, dans le sens de l'arrêt, Dall. J.-G., v° *Priv. et hyp.*, n° 969.)

tractée par le mari et tombée de son chef en communauté. Soumise à cette obligation, la femme s'interdit par son acceptation de nuire à l'acquéreur, de l'évincer; elle est donc censée avoir renoncé à son hypothèque légale en sa faveur.

Les effets de la subrogation tacite sont en principe les mêmes que ceux de la subrogation expresse : on peut cependant signaler entre elles quelques différences résultant de ce fait que l'abdication de l'hypothèque par la femme n'étant pas tacitement exprimée, on doit toujours l'interpréter restrictivement.

Ainsi, la subrogation expresse au profit d'un créancier hypothécaire n'a pas, en principe, moins d'effet qu'au profit d'un créancier chirographaire. Au contraire, la femme qui subroge tacitement un créancier hypothécaire du mari, ne le subroge que sur l'immeuble soumis à l'hypothèque conventionnelle, car l'intention de subroger sur les autres immeubles ne résulte pas clairement de l'acte.

De plus, la subrogation expresse n'a, sauf convention contraire, que deux limites : le chiffre de la créance du subrogé et le chiffre des reprises de la femme. La subrogation tacite en aura une troisième : le chiffre de l'obligation personnelle de la femme envers le subrogé; car la subrogation qui résulte tacitement d'un engagement personnel ne peut avoir plus d'étendue que cet engagement.

La subrogation tacite n'existe pas à l'égard des Sociétés de Crédit foncier; en effet, la présence de la femme à l'acte de prêt consenti au mari ne dispense pas le Crédit foncier de lui faire la notification dont il va être question. (Décret du 28 février 1852. Art. 21 modifié par loi du 10 juin 1853, art. 1.)

Le Crédit foncier ne prête que sur première hypothèque; s'il existe des hypothèques légales, par exemple si l'emprunteur est marié, le Crédit foncier en opère la purge de la façon suivante : il signifie à la femme un extrait de l'acte constitutif d'hypothèque contenant la date du contrat, les nom, profession et domicile de l'emprunteur, c'est-à-dire du mari, la désignation de l'immeuble hypothéqué, la somme prêtée. Cet extrait doit être notifié à la personne même de la femme lorsqu'elle n'était pas présente au contrat du prêt; il contient l'avertissement que l'hypothèque légale doit être inscrite dans les quinze jours de la signification, outre les délais de distance. Si la femme est présente au contrat, le notaire doit l'avertir qu'elle ait à inscrire son hypothèque dans les quinze jours de la signification qui lui sera faite de l'extrait dont nous venons de parler; l'acte doit faire mention de cet avertissement. Dans ce cas, la signification de l'extrait peut n'être faite qu'à domicile.

Si la femme n'a pas inscrit dans ce délai de quinzaine, l'hypothèque légale est purgée au regard de la Société de Crédit foncier, mais de cette Société seulement; la femme perd simplement le droit de lui opposer son hypothèque; l'effet est analogue à celui d'une cession de priorité.

La femme peut subroger le Crédit foncier à son hypothèque légale; le Crédit foncier doit alors mentionner la subrogation ou inscrire l'hypothèque comme un subrogé ordinaire.

§ II. — AUTHENTICITÉ

La loi du 23 mars 1855, art. 9, exige pour la validité de la subrogation à l'hypothèque légale l'authenticité et la publicité. Auparavant aucune formalité n'était requise : la femme pouvait céder son hypothèque par acte sous seing privé et sans donner aucune publicité à cette transmission; il lui était ainsi loisible, suivant le mot d'un auteur, de subroger dix créanciers et d'en tromper neuf. Les inconvénients de cet état de choses n'ont pas besoin d'être démontrés; aucune sécurité dans les transactions, pas de protection pour la femme, pas de garantie pour les tiers.

Depuis la loi du 23 mars 1855, aucune subrogation à

l'hypothèque légale n'est valable si elle n'est faite par acte authentique, ni opposable aux tiers si elle n'est publiée dans les formes qu'indique l'art. 9.

Si la loi exige un acte authentique, elle n'exige pas un acte notarié : si donc une femme, dans un accord intervenu en justice et constaté par jugement, renonce à son hypothèque légale, la renonciation est parfaitement valable.

L'acte authentique est exigé *ad solemnitatem* et non pas seulement à titre de preuve ; il est la forme indispensable des subrogations à l'hypothèque légale comme des donations ou des constitutions d'hypothèque. L'aveu de la femme qu'elle a réellement voulu subroger ne serait d'aucune utilité : la femme elle-même pourrait se prévaloir du défaut d'authenticité, et les tribunaux devraient au besoin prononcer d'office la nullité.

L'authenticité est exigée pour deux motifs : d'abord, parce que l'acte de subrogation doit servir de base à une inscription, laquelle ne peut être prise qu'en vertu d'un acte authentique ; en second lieu, elle est exigée dans l'intérêt de la femme, afin que le notaire ou le juge, suivant le cas, puisse lui montrer les conséquences de sa renonciation, et que la présence du magistrat ou de l'officier ministériel soit une sauvegarde contre l'influence trop exclusive du mari. Il ne faut pas évidemment croire que l'authenticité ait en pratique, à ce point de vue, toute l'importance que la loi a voulu lui donner ; mais cette garantie n'en est pas moins réelle et supprime tout au moins les surprises faciles à produire dans un acte sous seing privé.

De ce que l'authenticité est exigée pour la subrogation il résulte qu'elle doit l'être également pour le mandat que donnerait la femme à l'effet de consentir pour elle une subrogation. Ce que l'on veut, c'est que le consentement de la femme soit donné par acte authentique ; cette condition ne serait pas remplie si elle pouvait donner sous seing privé procuration de consentir en son nom (analog. de l'art. 933 C. civ.).

La nullité résultant du défaut d'authenticité est absolue; elle est fondée sur un motif d'ordre public tout comme pour les donations, les adoptions, le contrat de mariage, les constitutions d'hypothèque. Elle peut donc être invoquée par tous les intéressés, même par la femme (1). Vainement dira-t-on que l'art. 9 n'édicte pas une nullité aussi absolue; il est vrai qu'il n'est pas aussi net en ce sens que les art. 931 et 1539 C. civ. Mais l'art. 2127 n'édicte pas non plus expressément la nullité : n'admet-on pas cependant que tous les intéressés, même le constituant, peuvent tenir pour nulle une constitution d'hypothèque faite par acte sous seings privés? Il en est de même ici. Nous avons vu d'ailleurs que l'authenticité est requise dans l'intérêt de la femme; il est donc juste qu'elle puisse faire annuler une subrogation à laquelle cette garantie fait défaut.

En outre, les termes même de la loi fournissent un argument en ce sens. Qu'on lise l'art. 9 : « Cette cession ou « renonciation *doit être faite par acte authentique* et les « cessionnaires *n'en sont saisis à l'égard des tiers* que « par l'inscription, etc. » Cette différence d'expression montre bien que ce n'est qu'à l'égard des tiers que la publicité est exigée, tandis que l'authenticité est requise sans distinction, *ergâ omnes*. La femme elle-même peut donc se prévaloir du défaut d'authenticité.

De ce que l'authenticité est requise dans l'intérêt de la femme, nous tirerons une autre conclusion : c'est qu'elle doit revêtir aussi bien une cession de rang ou une promesse d'abstention qu'une subrogation proprement dite.

(1) La femme n'aura guère intérêt à invoquer la nullité lorsqu'elle est obligée personnellement envers le subrogé, car celui-ci exercera l'action hypothécaire en vertu de l'art. 1166, sauf à partager le produit avec les autres créanciers de la femme, s'il y en a. Mais l'intérêt de la femme est évidemment lorsqu'elle n'est pas débitrice personnelle du subrogé.

Il est vrai que les termes de l'art. 9 paraissent bien indiquer que la loi ne s'occupe que des subrogations ou renonciations translatives et c'est ce qu'a décidé la Cour de
cassation le 5 mai 1890 (1) ; mais si notre solution n'est
pas dans les termes de la loi, elle est du moins dans son
esprit : que la femme transporte son hypothèque à un
tiers ou qu'elle s'expose simplement à en perdre le bénéfice,
le danger pour elle est le même, la protection doit être
identique. Nous croyons donc que même les renonciations
extinctives ou promesses d'abstention doivent être faites
par acte authentique (2). Remarquons d'ailleurs que la
question perd tous les jours de son intérêt, car elle ne se
présente guère, en pratique, que pour des renonciations en
faveur d'un acquéreur d'immeubles du mari : or, depuis la
loi du 13 février 1880 ces renonciations sont formellement
soumises à l'authenticité.

Quant à l'acceptation du subrogé, de nombreux auteurs,
d'accord en cela avec la jurisprudence, décident que l'authenticité n'est pas requise. Du moment que la volonté de
la femme a été exprimée par acte authentique, le vœu de
la loi est rempli, on ne doit rien exiger de plus.

§ III. — PUBLICITÉ

La publicité exigée par la loi de 1855 a pour effet de
régler entre les subrogés successifs le droit de préférence
et de leur donner à l'égard des tiers détenteurs le droit de
suite.

« Les cessionnaires, dit l'art. 9, n'en sont saisis à l'égard
« des tiers que par *l'inscription de cette hypothèque prise
« à leur profit* ou par *la mention de la subrogation en
« marge de l'inscription* préexistante. » Donc, tout subrogé a le droit de tenir pour nulle à son égard une

(1) D. P., 90, 1, 467, et Sir., 90, 1, 392.
(2) En ce sens, Verdier, *Transcrip. hyp.*, nᵒˢ 754 et s., Bertauld,
nᵒ 100, Aubry et Rau, § 288 *bis*, note 17.

subrogation ou renonciation antérieure qui ne lui a pas été révélée par une de ces deux formalités, avant sa propre inscription ; tout tiers détenteur d'immeubles soumis à l'hypothèque légale peut ne tenir aucun compte d'une subrogation non inscrite.

Nous croyons que non seulement la subrogation, mais encore la cession de rang et même la promesse d'abstention, doivent être publiées. Cette décision, si elle n'est pas conforme à la lettre de l'art. 9, est du moins conforme à l'esprit qui l'a dicté. Il est, en effet, de la plus haute importance pour les tiers, pour des subrogés postérieurs par exemple, de savoir que l'hypothèque qui leur est cédée est éteinte vis-à-vis de tel ou tel, n'existe plus sur tel ou tel immeubles. Le bénéficiaire de la promesse d'abstention doit donc l'inscrire s'il veut pouvoir l'opposer aux tiers (1).

On prétend vainement que c'est là inscrire une hypothèque éteinte : l'extinction n'est que relative ; l'hypothèque subsiste à l'égard de toute personne non partie au contrat. Le bénéficiaire de la promesse d'abstention inscrira donc l'hypothèque de la femme, car cette hypothèque existe toujours ; mais, au lieu de dire que cette inscription est prise à son profit, il indiquera que l'hypothèque ne lui est pas opposable, grâce à la renonciation de la femme. La chose est encore plus simple, lorsque l'hypothèque légale a déjà été inscrite au nom de la femme : il sera alors fait mention, en marge de l'inscription préexistante, que la femme a renoncé à son hypothèque légale, en faveur de la personne y désignée (2).

(1) En ce sens Aubry et Rau, § 288 bis, note 16. La Cour de cassation décide, il est vrai, en sens contraire à propos des renonciations en faveur d'un acquéreur (5 mai 1890, D. P., 00, 1, 467.) Sur ce point la controverse est tranchée par la loi du 13 février 1889. La question ne se pose donc plus que pour les renonciations antérieures à cette date.

(2) Si la femme recevait le paiement de ses reprises des mains d'un tiers, directement ou indirectement, ce tiers subrogé à l'hypothèque légale, soit en vertu de l'art. 1250, soit légalement en vertu

L'effet de l'inscription est, avons-nous dit, de régler le rang des subrogés entre eux, et de rendre la subrogation opposable aux tiers ayant intérêt à la contester.

Le rang des subrogés entre eux se règle par la date des inscriptions ou des mentions marginales, chacun d'eux pouvant se faire payer intégralement avant les subrogés postérieurement inscrits. Il n'est tenu aucun compte de la date des subrogations. Si deux ou plusieurs subrogés ont pris inscription le même jour, on leur appliquera par analogie, l'art. 2147 : tous viendront en concours au prorata de leur créance ou de la somme à concurrence de laquelle ils ont été subrogés, sans égard à l'ordre dans lequel le conservateur des hypothèques aurait fait les inscriptions ou mentions.

Un conflit analogue peut se produire entre un acquéreur qui a obtenu une renonciation, et un subrogé. L'acquéreur doit publier la renonciation en faisant transcrire l'acte d'aliénation contenant cette renonciation ou, si

---

de l'art. 1251, devrait-il remplir les formalités prescrites par l'art. 9 de la loi du 23 mars 1855 ?

On pourrait dire en faveur de la négative, que l'art. 1250, C. civ. et l'art. 9 précité se rapportent à des hypothèses différentes et ne sont pas appelés à se compléter l'un l'autre ; que, d'autre part, l'art. 1250 s'exprime en termes généraux et que les formalités qu'il prescrit doivent suffire pour qu'il y ait subrogation dans toutes les garanties de la créance payée avec les deniers du subrogé, même lorsqu'une de ces garanties est une hypothèque légale.

Mais il faut bien remarquer que l'art. 9, lui aussi, est général : « *Dans le cas où les femmes peuvent céder leur hypothèque légale ou* « *y renoncer.* » Il est vrai que le législateur de 1855 n'a pas visé la subrogation des art. 1250 et 1251 ; mais les mêmes motifs militent en faveur de la publicité de cette dernière subrogation. La dispense d'inscription introduite en faveur de la femme à cause de sa position dépendante, doit cesser quand son hypothèque légale a passé sur la tête d'un tiers, quel que soit le mode de transmission employé ; les inconvénients du défaut de publicité de la subrogation et les abus auxquels il peut donner lieu sont les mêmes dans les deux cas.

elle est faite par acte séparé, en la faisant mentionner en marge de la transcription.

Toute subrogation inscrite après cette transcription ou mention marginale, ne sera pas opposable à l'acquéreur. Mais qu'arrivera-t-il, si la transcription de l'acte d'aliénation et l'inscription de la subrogation ont eu lieu le même jour ? On ne peut évidemment pas appliquer l'art. 2147, car il ne peut s'établir un concours entre un créancier qui veut user du droit de suite et un acquéreur qui le repousse. Il n'y a, d'autre part, aucune raison de préférer soit l'acquéreur, soit le subrogé, chacun ayant acquis un droit également respectable. On ne peut se baser non plus sur la date des titres, car la loi veut que l'ordre se règle par la publicité; ce serait, d'ailleurs, donner la préférence au plus négligent. Enfin, les transcriptions et les inscriptions étant faites sur des registres différents, il est impossible d'invoquer leur ordre pour établir la préférence.

On sera donc forcé de s'en référer au registre des dépôts, qui montre l'ordre réel dans lequel la publicité s'est faite, car le conservateur des hypothèques, est tenu d'y mentionner au fur et à mesure, et par ordre numérique, les remises qui lui sont faites d'actes de mutation pour être transcrits, de bordereaux pour être inscrits, d'actes ou d'extraits d'actes contenant subrogation pour être mentionnés (art. 2200, C. civ.). Ce registre offre, du reste, toutes les garanties désirables, sa rédaction étant soumise à des formalités sévères (1) et sa conservation assurée (art. 2200 et 2201). L'art. 2200, en ordonnant aux conservateurs de délivrer aux déposants un récépissé rappelant le numéro du registre des dépôts sous lequel la remise a été inscrite, montre bien que ce registre est destiné à remplacer au besoin le registre des inscriptions; il doit donc faire foi jusqu'à preuve contraire.

(1) Ces formalités sont imposées aux conservateurs sous peine d'une amende de 200 à 1,000 fr. pour la première infraction et de destitution pour la seconde, sans préjudice de leur responsabilité pécuniaire envers les parties (art. 2202).

Le subrogé peut accomplir la publicité requise, soit par l'inscription de l'hypothèque légale prise à son profit, soit par la mention de la subrogation en marge de l'inscription préexistante.

Lorsque le subrogé inscrit l'hypothèque légale à son profit, il n'est tenu d'indiquer dans son bordereau que les énonciations requises pour inscrire les hypothèques légales, et, en outre, les mentions spéciales à la subrogation. Il devra donc indiquer : 1° ses nom, prénoms, domiciles réel et élu, les nom et prénoms de la femme subrogeante ; 2° les nom, prénoms et domicile du débiteur, c'est-à-dire du mari ; 3° il indiquera que l'hypothèque garantit les droits et reprises de la femme, et il énoncera autant que possible la nature de ces droits et le chiffre de ceux qui sont déterminés. Nous disons : autant que possible, car on doit être moins sévère à ce point de vue pour le subrogé que pour la femme ; il peut souvent ignorer le chiffre des reprises de celle-ci, et elle n'est pas tenue de le lui indiquer. Du reste, l'art. 2153 veut que la femme indique dans l'inscription le montant de ses reprises, afin que les tiers connaissent le préjudice qui leur est causé par l'hypothèque ; mais cette indication résulte suffisamment de l'énonciation faite par le subrogé du chiffre de sa propre créance.

L'art. 9 exige, en outre, que le subrogé prenne l'inscription *à son profit ;* il devra, par suite, indiquer qu'il requiert l'inscription de l'hypothèque légale en son nom et en qualité de subrogé ; il énoncera le chiffre de sa propre créance, la nature et la date du titre en vertu duquel la subrogation lui a été expressément ou tacitement consentie, et l'époque de l'exigibilité. Parmi ces formalités, il faut considérer comme essentielles l'énonciation de la créance du subrogé ou de la somme à concurrence de laquelle il est subrogé, la date et la nature du titre. Il en est de même de la mention que l'inscription est prise en son nom et en qualité de subrogé : toutes ces mentions sont nécessaires pour que les tiers puissent connaître que l'hypothèque n'est plus entre les mains de la femme, et jusqu'à quel point celle-ci s'en est dépouillée ; leur omission entraînerait donc la nullité de l'inscription.

Le subrogé qui a obtenu du mari une hypothèque conventionnelle en même temps qu'il a obtenu de la femme la cession de l'hypothèque légale, peut requérir l'inscription de l'une et de l'autre dans un seul et même bordereau, et les deux inscriptions peuvent être prises cumulativement.

Il faut admettre aussi que plusieurs subrogés peuvent publier leur droit ensemble dans une seule inscription, et requérir celle-ci dans un seul bordereau : ils concourent alors au prorata de leurs droits respectifs.

Lorsque l'hypothèque légale est déjà inscrite, le subrogé publiera la subrogation par une mention en marge de l'inscription. La mention devra contenir les indications qui, ajoutées à celles que contient déjà l'inscription, feront savoir aux tiers ce qu'ils ont intérêt à connaître : les nom, prénoms, profession, domicile réel et élu du subrogé, le chiffre de sa créance et de la somme à concurrence de laquelle il est subrogé, les immeubles sur lesquels porte la subrogation si elle a été restreinte à certains immeubles, la nature et la date du titre en vertu duquel elle a eu lieu.

Le subrogé peut, même lorsque l'hypothèque légale est déjà inscrite, en requérir une nouvelle inscription à son profit ; la loi de 1855 lui permet dans ce cas de publier la subrogation par une simple mention marginale ; mais elle ne lui a pas interdit de le faire par une inscription.

Le conservateur des hypothèques ne peut refuser d'inscrire ou de mentionner la subrogation sous prétexte que la femme subrogeante n'aurait pas la capacité voulue. Il est de principe, en effet, que le conservateur n'est pas juge de la capacité des parties : « *Dans aucun cas*, dit l'art. 2199, « les conservateurs ne peuvent refuser ni retarder la tran- « scription des actes de mutation, l'inscription des droits

« hypothécaires ni la délivrance des certificats requis,
« sous peine des dommages et intérêts des parties. »

L'art. 2157 permet, il est vrai, au conservateur de refuser
la radiation consentie par une personne incapable ; mais
les motifs de cette exception sont faciles à saisir : une inscription rayée, ce peut être le droit complètement perdu
même si la nullité de la radiation vient à être prononcée.
Au contraire, en inscrivant une hypothèque, on ne nuit à
personne : si plus tard le constituant est reconnu incapable, l'inscription sera rayée et tout sera dit. Or, l'inscription de la subrogation doit être assimilée à une inscription
d'hypothèque et non pas à une radiation. La subrogation
ne détruit pas l'hypothèque légale : l'inscription ne peut
nuire à la femme ; si elle est reconnue incapable l'inscription sera rayée et la femme sera comme si elle n'avait point
subrogé (1).

Jusqu'à quel moment l'inscription peut-elle être prise
par le subrogé ? Lorsqu'une année s'est écoulée depuis la
dissolution du mariage, l'hypothèque légale devient, comme une hypothèque ordinaire, soumise à la publicité et ne
prend rang désormais qu'au jour de l'inscription (art. 8,
loi du 23 mars 1855). Si donc, après ce délai, l'immeuble
vient à être aliéné et la vente transcrite, le subrogé ne
pourrait plus valablement s'inscrire. Les hypothèques soumises à inscriptions ne peuvent plus, en effet, être utilement inscrites après la transcription (art. 6, même loi).
Mais, lorsque le délai de l'art. 8 n'est pas expiré, le subrogé n'a aucun délai déterminé pour s'inscrire ; si donc
une vente de l'immeuble grevé de l'hypothèque a lieu, la

_____

(1) Un arrêt d'Amiens, d'ailleurs faiblement motivé (14 juin 1890,
D. P., 91, 2, 321), permet au conservateur de refuser l'inscription
de la subrogation s'il croit la femme incapable. La Cour d'Aix avait
jugé le contraire avec bien plus de raison (29 avril 1890, D. P.,
90, 2, 356). Voir les conclusions conformes, fortement motivées, de
M. Naquet, procureur général à la Cour d'Aix, rapportées sous
l'arrêt d'Amiens.

transcription de cette vente n'empêche pas l'inscription de la subrogation d'être utilement prise, et le subrogé peut s'inscrire tant que la femme elle-même le pourrait, c'est-à-dire tant que le délai de la purge des hypothèques légales n'est pas expiré (art. 2094 et 2095, C. civ.) (1).

Si l'hypothèque légale avait déjà été inscrite et que le subrogé n'eût qu'à mentionner la subrogation en marge de l'inscription, aucun délai ne lui serait imparti pour faire cette mention. L'hypothèque est, en effet, publiée, et le subrogé, qui est cessionnaire des droits de la femme, est nanti des avantages que l'inscription procure à celle-ci. Mais il est évident qu'une mention opérée après la purge ne lui conférerait pas un droit de suite qui est éteint ; elle lui permettrait simplement de faire valoir son droit de préférence sous les conditions imposées à la femme par les art. 772 et 717, C. pr. civ.

Lorsque l'aliénation a eu lieu en vertu d'un jugement d'adjudication ensuite de vente forcée, l'inscription doit être prise avant la transcription du jugement, car cette transcription purge les hypothèques inscrites et arrête le cours des inscriptions (art. 717, C. pr.). S'il s'agit d'un jugement prononçant l'expropriation pour cause d'utilité publique, on se demande si le cours des inscriptions est arrêté par la transcription du jugement ou seulement par l'expiration du délai de quinzaine qui suit la transcription, en d'autres termes, on se demande si la loi du 23 mars 1855, art 6, a abrogé l'art. 17 de la loi du 3 mai 1841. Il paraît juste de répondre négativement, car la loi de 1841 est spéciale et « generalia specialibus non derogant. » En outre, l'art. 6 de la loi de 1855, qui abroge expressément les art. 834 et 835, C. proc., ne fait aucune allusion à

_____

(1) Cette solution est corroborée par la loi du 13 février 1889, qui suppose que les cessionnaires de l'hypothèque légale peuvent s'inscrire même après la transcription de l'acte d'aliénation, et cela jusqu'à la mention marginale de la renonciation qu'obtiendrait l'acquéreur.

l'art. 17 de la loi de 1841. Le subrogé pourrait donc s'inscrire encore utilement dans les quinze jours qui suivent la transcription du jugement qui prononce l'expropriation pour cause d'utilité publique (1).

La subrogation peut-elle être inscrite après la déclaration de faillite de la femme ou l'acceptation bénéficiaire de sa succession ? Nous ne le croyons pas, car la subrogation constitue en faveur du subrogé un droit de préférence sur les créances de la femme et détruit l'égalité qui doit subsister d'après la loi entre les créanciers de la faillite ou de la succession bénéficiaire (art. 448, C. com., 2146, C. civ.). Ne pouvant pas être inscrite, elle ne peut pas non plus être mentionnée en marge de l'inscription préexistante, la mention produisant le même effet que l'inscription.

La femme non inscrite avant la transcription du jugement d'adjudication sur vente forcée, peut encore exercer son droit de préférence sur le prix, à la condition de produire avant l'expiration des quarante jours qui suivent la sommation prescrite par l'art. 753, C. pr., si l'ordre se règle judiciairement, et avant la clôture de l'ordre, s'il se règle amiablement (art. 717 et 754, C. pr.). Mais le subrogé ne pouvant plus s'inscrire utilement et n'étant à défaut d'inscription nullement saisi de l'hypothèque légale au regard des tiers, ceux-ci, c'est-à-dire les autres créanciers du mari et les créanciers chirographaires de la femme, n'ont pas à tenir compte de la subrogation.

L'inscription prise par le subrogé est, comme celle des hypothèques conventionnelles ou judiciaires, soumise au renouvellement décennal, sous peine, en cas de péremption, de voir la subrogation cesser d'être opposable aux tiers. Si la subrogation a été publiée par une mention en marge de l'inscription préexistante, le subrogé devra prendre inscription avant l'expiration des dix ans à partir, non pas

---

(1) Voir en ce sens Batbie, *Précis du Cours de Droit public et administratif*, 5me édition, p. 490.

de la date de la mention, mais de la date de *l'inscription prise par la femme*; car cette inscription tombant au bout de ce temps, la mention disparaît aussi. Si la femme avait renouvelé son inscription, le subrogé devrait renouveler sa mention dans le même délai.

Le renouvellement de l'inscription n'est plus nécessaire lorsque l'hypothèque a produit tout son effet, qui est de convertir le droit réel sur l'immeuble en un droit personnel sur le prix. Le renouvellement doit donc être opéré tant que l'immeuble n'est pas aliéné. L'immeuble une fois aliéné et l'acquéreur débiteur du prix, il faut distinguer.

S'agit-il d'une vente sur expropriation forcée? Il semble alors que l'adjudicataire étant débiteur du prix dès le jugement d'adjudication, c'est à partir de ce moment-là, que l'inscription ne devrait plus nécessairement être renouvelée. Cependant, un récent arrêt de la Cour de cassation décide que c'est seulement à partir *de la transcription* du jugement d'adjudication, que le renouvellement n'est plus nécessaire, par ce motif, « qu'aux termes de l'art. 6 de la loi du 23 mars 1855 et de l'art. 717, C. pr., au cas de saisie immobilière, c'est la transcription du jugement d'adjudication qui seule a pour effet d'arrêter le cours des inscriptions et de purger les hypothèques, et que c'est à ce moment là seulement que le droit de suite est éteint, et que le droit de préférence reporté sur le prix est définitivement fixé (1). »

S'agit-il de vente volontaire suivie de purge? En ce cas, l'acquéreur devient personnellement débiteur du prix par lui offert, à partir du jour où les offres ont eu lieu. De ce jour, les créanciers inscrits ont un droit acquis à ce prix, et deviennent créanciers de l'acquéreur. La surenchère même qui interviendrait dans les 40 jours, n'empêcherait pas que le droit réel n'ait été converti en un droit sur le prix. C'est donc à partir de la notification à fin de purge,

_____

(1) Cass., 4 mai 1891, D. P., 92, 1, 9, et Sir., 91, 1, 373.

prévue par les art. 2183 et 2184, que le renouvellement de l'inscription n'est plus nécessaire.

Nous avons vu par qui la publicité doit être faite, jusqu'à quand elle peut et doit être accomplie ; il nous reste à voir à qui elle peut profiter, et qui peut se prévaloir de son absence.

L'inscription prise par un subrogé ne peut en principe profiter qu'à lui. Les autres subrogés ne pourraient s'en prévaloir, ni comme ayant publié leur droit à eux, ce qui est bien évident, ni même comme ayant publié le droit de la femme.

L'inscription ne profite pas non plus à la femme, si le subrogé ne l'a prise qu'en son nom personnel et en la seule qualité de subrogé. La question est plus douteuse, si le subrogé a pris l'inscription tant au nom de la femme qu'en son nom à lui : nous croirions pourtant que la femme peut dans ce cas user de cette inscription. Le subrogé a agi, en effet, comme un *negotiorum gestor*, et la femme, qui déclare vouloir profiter de cette inscription, fait-elle autre chose qu'une ratification, ratification qui équivaut au mandat ? Aussi, le conservateur des hypothèques ne devrait, sur la main-levée du subrogé seul, radier l'inscription qu'en ce qui concerne le subrogé, et la maintenir en tant qu'elle concerne la femme, car celle-ci peut toujours ratifier l'acte fait par le subrogé lorsqu'il a inscrit pour elle. La jurisprudence est en ce sens (1).

Qui peut se prévaloir du défaut d'inscription ? L'art. 9 n'exige la publicité de la subrogation qu'à l'égard *des*

---

(1) Il est vrai que l'art. 2139 ne permet qu'*aux parents* de la femme ou du mari de requérir l'inscription au nom de la femme. Mais il est évident que les motifs qui ont dicté l'art. 2139, immixtion indiscrète et parfois blessante de tiers dans les affaires du ménage, ces motifs n'existent plus ici : le subrogé agit dans son propre intérêt ; si en même temps il requiert l'inscription au nom de la femme, pourquoi empêcher celle-ci d'en profiter ? pourquoi surtout refuser ce droit aux enfants de la femme que leur minorité, par exemple, a empêchés de prendre inscription ?

— 151 —

tiers. La femme qui a été partie au contrat ne pourrait donc pas opposer au subrogé le défaut de publicité pour faire tomber la subrogation.

Les tiers dont parle l'art. 9 ne sont pas uniquement ceux que vise l'art. 3 de la loi du 23 mars 1855, c'est-à-dire ceux qui ont acquis des droits sur l'immeuble, et qui les ont conservés en se conformant aux lois. L'art. 3, en effet, règle un cas particulier; il parle de ceux qui peuvent invoquer le défaut de transcription, il n'a pas pour but de définir ce qu'il faut entendre par *tiers* dans tout le reste de la loi.

Dans l'art. 9, il faut entendre par tiers tous ceux qui ont intérêt à faire tomber la subrogation, et qui n'ont pas été partie au contrat. Ce seront donc, d'abord, les subrogés postérieurs qui auront eux-mêmes rempli la formalité de l'inscription. L'art. 9 dit, en effet, que les inscriptions déterminent le rang entre les subrogés; celui qui n'a pas d'inscription n'a aucun rang à prétendre dans l'ordre.

Pourront encore se prévaloir du défaut de publicité, les tiers acquéreurs des immeubles soumis à l'hypothèque légale. Le subrogé non inscrit avant l'expiration des délais de la purge légale n'a aucun droit de suite; il ne peut sommer l'acquéreur de payer ou délaisser, ni surenchérir. Si l'acquéreur a lui-même obtenu une renonciation de la femme, il peut opposer le défaut de publicité à tout subrogé qui n'a pas pris inscription avant la transcription de l'acte contenant renonciation au profit de l'acquéreur (art. 9 modifié par la loi du 13 fév. 1889).

Citons encore les créanciers hypothécaires du mari, pos-

D'ailleurs, s'il résulte de l'art. 2139 que le conservateur peut refuser l'inscription requise par des personnes non désignées en cet article, en résulte-t-il que, si le Conservateur l'a néanmoins opérée, elle soit nulle quand la femme déclare vouloir en profiter ? L'art. 2139 est prohibitif, c'est vrai, mais n'est-il pas, comme certains autres articles du Code civil, dépourvu de sanction ?

Dans tous les cas, le subrogé *créancier de la femme* pourrait toujours prendre inscription au nom de celle-ci en vertu de l'art. 1166.

térieurs en rang à la femme ; ils peuvent aussi repousser
le subrogé non inscrit qui prétend les primer. On objecte
qu'en général ils n'y ont pas intérêt, parce que peu leur
importe d'être primés par le subrogé, ou de l'être par la
femme. Cet intérêt se montrera cependant lorsque, une
année s'étant écoulée depuis la dissolution du mariage, la
femme elle-même n'aurait pas pris inscription. La femme
ne pouvant alors faire valoir son hypothèque légale, on
conçoit l'intérêt des créanciers postérieurs à faire tomber
la subrogation.

Que faut-il décider, en ce qui concerne les créanciers
chirographaires de la femme ? Ils peuvent également se
prévaloir du défaut de publicité. Leur intérêt est évident,
car ils se partageront ainsi au marc le franc la somme
produite par l'hypothèque légale, somme que le subrogé
eût obtenue par préférence. M. Berlauld repousse cette
solution, car, dit-il, les créanciers chirographaires sont des
ayants-cause de la femme et non des tiers. Nous mainte-
nons qu'ils sont des tiers au sens de l'art. 9. Ce n'est pas
de la femme qu'ils tiennent le droit d'invoquer le défaut
d'inscription, c'est la loi qui le leur donne. Ne permet-on
pas à un créancier chirographaire de se prévaloir du
défaut d'inscription contre un créancier hypothécaire
(art. 2134) ? Et cependant, ce créancier chirographaire est
l'ayant-cause du débiteur, et celui-ci ne pourrait faire
annuler l'hypothèque pour ce motif. Nous ne voyons aucune différence entre ces deux situations.

La loi du 23 mars 1855 n'a pas d'effet rétroactif ; les
subrogations faites avant le 1er janvier 1856 étaient vala-
bles à l'égard de la femme et des tiers sans authenticité ni
publicité; elles sont restées telles ergâ omnes (art. 11, al. 1).
Elle conservent donc leur rang à la date de la subrogation.

Cependant, quand une année s'est écoulée depuis la
dissolution du mariage, ou, — au cas où le mariage se
serait dissout avant le 1er janvier 1856, — quand une
année s'est écoulée depuis cette dernière date, les subroga-

tions antérieures au 1ᵉʳ janvier 1856 ne prendraient plus rang qu'au jour de l'inscription si elles n'ont pas été inscrites dans le délai ci-dessus (art. 8 et art. 11, al. 5 combinés); les subrogés dont il s'agit sont soumis à cette règle, non seulement en ce sens qu'ils devraient inscrire l'hypothèque légale suivant que la loi de 1855, art. 8, l'ordonne, parce qu'ils sont les ayants-cause de la femme, mais encore en ce sens qu'ils doivent publier leur subrogation conformément à l'art. 9. Il est vrai que l'art. 11, al. 4, est général ; mais comprendrait-on que le subrogé pût se prévaloir d'une subrogation occulte quand la femme est obligée de publier son hypothèque légale? Ce n'est guère admissible. Ce serait violer ce principe que le subrogé ne peut avoir plus de droits que la femme elle-même.

Ajoutons qu'un subrogé non inscrit peut forcer la femme à lui abandonner la collocation par elle obtenue, pourvu que les autres créanciers ne s'y opposent pas ; la publicité, en effet, n'est pas requise à l'égard de la femme.

S'il y a plusieurs subrogés non inscrits, comme ils n'ont pas plus de droit les uns que les autres, ils viendront au marc le franc sur cette collocation.

Des subrogés non inscrits qui seraient créanciers personnels de la femme, viendraient au marc le franc sans invoquer leur subrogation, et repousseraient les autres subrogés non inscrits qui ne seraient pas créanciers de la femme.

DEUXIÈME PARTIE

DE LA RENONCIATION A L'HYPOTHÈQUE LÉGALE EN FAVEUR D'UN ACQUÉREUR D'IMMEUBLES GREVÉS DE CETTE HYPOTHÈQUE

CHAPITRE PREMIER

Généralités

Avant la loi du 13 février 1889, la renonciation à l'hypothèque légale en faveur d'un acquéreur d'immeubles grevés de cette hypothèque était considérée, tantôt comme extinctive du droit de suite et de préférence, ou du droit de suite seulement, — il y avait sur ce point des divergences d'opinion, — tantôt comme translative ; extinctive lorsqu'il n'existait pas de créanciers hypothécaires inscrits sur l'immeuble, translative dans le cas contraire. Dans le premier cas, en effet, il suffit à l'acquéreur que la femme ne puisse lui opposer son hypothèque ; dans le second, il lui est très utile de devenir lui-même titulaire de l'hypothèque, soit pour éviter l'éviction, soit au moins pour recouvrer le prix payé par lui au mari. Cette dernière renonciation était donc une véritable subrogation.

Actuellement la renonciation éteint toujours le droit de suite; mais elle ne suffit pas pour éteindre ou transférer le droit de préférence : il faut, pour obtenir ce résultat, que la femme consente au paiement du prix par l'acquéreur.

Ces renonciations étaient-elles soumises à l'art. 9 de la loi du 23 mars 1855, devaient-elles être faites par acte authentique et publiées ? Nous avons dit qu'à notre avis elles devaient l'être, et que toute renonciation devait subir ces formalités. La question a encore de l'intérêt pour les renonciations antérieures à la loi de 1889.

En pratique, on distinguait volontiers : la renonciation était-elle translative ? il fallait alors et l'authenticité et la publicité ; d'importants arrêts de la Cour de cassation l'avaient ainsi décidé (1). Mais la renonciation était-elle considérée comme extinctive, alors plus de publicité ni d'authenticité, suivant les uns, et, suivant les autres, l'authenticité sans publicité. On se fondait principalement sur les termes de l'art. 9, qui paraissent ne s'appliquer qu'aux renonciations translatives ; on invoquait en outre l'intérêt de l'acquéreur ; mais on s'inquiétait assez peu de celui des tiers : nous avons dit cependant de quelle importance il peut être pour eux de savoir que l'hypothèque légale n'existe plus à l'encontre de tel ou tel tiers détenteur.

Certains auteurs voulaient au moins que l'acte de vente contenant renonciation fût transcrit : ce mode de publicité était cependant sans valeur pour publier une renonciation. Mais, disait-on, ou bien le subrogé postérieur attaque l'acquéreur de son chef, et alors l'acquéreur qui a transcrit le repousse en vertu de l'art. 6 de la loi de 1855 ; ou bien il l'attaque du chef de la femme, et alors l'acquéreur le repousse par l'exception de garantie, le subrogé ne pouvant avoir plus de droits que la femme (2). N'était-ce pas oublier

(1) Cass., 29 août 1866, D. P., 67, 1, 49, 22 nov. 1880, D. P., 81, 1, 58.

(2) Dijon, 6 fév. 1889, D. P., 90, 2, 326.

que le subrogé est un tiers vis-à-vis de l'acquéreur et qu'il pouvait lui dire : Vous avez transcrit votre acte d'acquisition, c'est vrai, mais vous n'avez pas publié la renonciation que vous avez obtenue ; donc, j'ignore cette renonciation et je vous oppose de mon chef une hypothèque que j'ai acquise comme intacte : je n'étais pas tenu de recourir à votre transcription pour savoir si cette hypothèque était éteinte à votre égard.

En 1862, une pétition avait été déposée au Sénat, demandant que la question fût tranchée par voie législative. M. de Casabianca, dans son rapport sur cette pétition, déclarait qu'une solution législative était inutile, l'art. 9 ne s'appliquant pas aux renonciations extinctives ; il ajoutait que le subrogé était en faute de n'avoir pas consulté le registre des transcriptions afin de voir si quelque renonciation n'y serait pas contenue ; enfin, il assimilait entièrement la transcription à la purge. Le rapporteur n'oubliait qu'une chose, c'était de citer le texte en vertu duquel il obligeait le subrogé à requérir un extrait des transcriptions et assimilait à la purge une renonciation transcrite. Ce texte ne devait venir, en effet, que vingt-sept ans plus tard.

La jurisprudence était souvent hésitante, car elle voyait le danger des renonciations occultes ; et, récemment encore, la Cour de Douai, adoptant les excellents motifs du tribunal de Cambrai, déclarait que la loi du 23 mars 1855 s'appliquait à toute renonciation, que le registre des transcriptions n'était pas fait pour publier des renonciations, et qu'on ne pouvait faire aux tiers un crime de ne pas le consulter (1).

(1) Douai, 22 déc. 1887, D. P., 90, 1, 467. Cet arrêt a été cassé le 5 mai 1890 (D. P., ibid.). Mais il faut remarquer que l'arrêt de cassation est postérieur à la nouvelle loi. Cela n'a-t-il pas pu influer sur la décision de la Cour suprême ? Celle-ci paraît s'en défendre et affirme que la loi de 1889 n'a point innové et que l'art. 9 était étranger aux renonciations extinctives. La question est donc tranchée en pratique.

— 158 —

Quoi qu'il en soit, le texte qui n'existait pas alors existe aujourd'hui ; c'est la loi du 13 février 1889, dont voici l'article unique :

« *Il sera ajouté à l'art. 9 de la loi du 23 mars 1855* « *une disposition ainsi conçue :*

« *La renonciation de la femme à son hypothèque légale,* « *au profit de l'acquéreur d'immeubles grevés de cette* « *hypothèque, en emporte l'extinction et vaut purge à* « *partir, soit de la transcription de l'acte d'aliénation, si* « *la renonciation y est contenue, soit de la mention faite* « *en marge de la transcription de l'acte d'aliénation, si* « *la renonciation a été consentie par acte authentique* « *distinct.*

« *Dans tous les cas, cette renonciation n'est valable et* « *ne produit les effets ci-dessus que si elle est contenue* « *dans un acte authentique.*

« *En l'absence de stipulation expresse, la renonciation* « *par la femme à son hypothèque légale ne pourra ré-* « *sulter de son concours à l'acte d'aliénation que si elle* « *stipule, soit comme covenderesse, soit comme garante* « *ou caution du mari.*

« *Toutefois, la femme conserve son droit de préfé-* « *rence sur le prix, mais sans pouvoir répéter contre* « *l'acquéreur le prix ou la partie du prix par lui payé de* « *son consentement et sans préjudice du droit des autres* « *créanciers hypothécaires.*

« *Le concours ou le consentement donné par la femme,* « *soit à un acte d'aliénation contenant quittance totale ou* « *partielle du prix, soit à l'acte ultérieur de quittance* « *totale ou partielle, emporte même, à due concurrence,* « *subrogation à l'hypothèque légale sur l'immeuble vendu,* « *au profit de l'acquéreur, vis-à-vis des créanciers hypothé-* « *caires postérieurs en rang. Mais cette subrogation ne* « *pourra préjudicier aux tiers qui deviendraient cession-* « *naires de l'hypothèque légale de la femme sur d'autres* « *immeubles du mari, à moins que l'acquéreur ne se* « *soit conformé aux prescriptions du § 1ᵉʳ du présent article.*

« *Les dispositions qui précèdent sont applicables à la*
« *Guadeloupe, à la Martinique et à la Réunion.* »

On voit, à la lecture de cette loi, qu'elle s'applique à
toutes les renonciations, aussi bien translatives qu'extinctives. Elle tranche pour ces dernières la controverse sur
l'application à leur faire de la publicité de l'art. 9 ; elle les
en déclare dispensées. Et, quant aux renonciations translatives, elle renverse quelque peu les principes admis dans
la première partie de l'art. 9 en substituant, pour publier
ces renonciations, le registre des transcriptions à celui des
inscriptions.

La loi nouvelle s'applique donc à toute renonciation à
l'hypothèque légale en faveur d'un acquéreur d'immeubles
du mari. Elle écarte toute différence entre les renonciations
translatives et les renonciations extinctives au point de vue
des conditions de validité.

Générale quant aux renonciations qu'elle réglemente,
elle ne l'est pas moins quant aux aliénations à propos des-
quelles ces renonciations peuvent se produire. La loi
parle en effet sans distinction des *acquéreurs* d'immeubles
grevés de l'hypothèque légale. Peu importe par conséquent
que l'acquéreur soit un acheteur ou un coéchangiste ou
un donataire : dans tous les cas, les mêmes conditions
sont nécessaires et suffisantes pour la validité de la renonciation.

CHAPITRE II

Formes et conditions de validité de la Renonciation

§ I. — RENONCIATION EXPRESSE ET TACITE

La renonciation par la femme à son hypothèque légale au profit d'un tiers acquéreur peut se produire soit dans l'acte même d'aliénation, soit postérieurement et par acte séparé. La loi prévoit les deux cas, les mêmes règles sont applicables à l'un et à l'autre ; leurs effets sont identiques. Il faut remarquer cependant que la renonciation faite par acte séparé sera plus souvent expresse que tacite : la loi veut, en effet, pour qu'il y ait renonciation tacite, que la femme prenne la qualité de covenderesse, de garante ou de caution du mari ; il est évidemment plus simple pour elle, si elle intervient dans un acte postérieur à l'aliénation, de renoncer expressément que de prendre un détour qui n'a plus sa raison d'être.

Il pourra arriver aussi, quand la femme renoncera par acte postérieur à l'aliénation, que le prix ait déjà été payé par l'acquéreur ; qu'il l'ait été avec ou sans le consentement de la femme, peu importe, si elle a connaissance de ce paiement lors de la renonciation ; car si elle en a connaissance elle ratifie ce paiement, et subroge par là même l'acquéreur à son droit de préférence.

La renonciation de la femme peut être expresse ou tacite. Il est inutile de s'étendre sur la renonciation expresse ;

aucun terme sacramentel n'est exigé de la femme, mais le mieux est naturellement d'employer le mot renoncer, qui est celui de la loi et qui évitera toute équivoque.

Si la femme avait déclaré *subroger* l'acquéreur à son hypothèque légale, on devrait probablement décider que cela équivaut, dans l'intention de la femme, à un consentement donné par elle à l'acquéreur de payer le prix entre les mains du mari, et par suite qu'elle lui cède son droit de préférence; car rien n'empêche de donner par avance ce consentement. Il se pourrait, d'ailleurs, que telle ne fût pas l'intention de la femme et qu'elle ait employé le mot *subroger* au lieu de *renoncer*; ce sera une question d'intention.

Jusqu'à la loi du 13 février 1889, aucun texte ne réglementait la renonciation tacite à l'hypothèque légale; la plus entière liberté était laissée aux tribunaux pour l'appréciation des circonstances dont on pouvait déduire la volonté de la femme de renoncer. La femme qui garantissait la vente, qui s'obligeait solidairement avec son mari, était évidemment censée renoncer à l'hypothèque légale. La jurisprudence décidait même, bien que ce dût être plus douteux, qu'il y avait une renonciation tacite dans le simple concours de la femme à l'acte d'aliénation, par exemple dans l'apposition à cet acte de sa signature précédée du mot approuvé, ou même de sa signature seule.

La question fut soulevée, lors de la discussion de la loi, de savoir si l'on devait maintenir cette manière de voir et la consacrer législativement. Le projet voté par la Chambre décidait, dans le sens de la jurisprudence, que le simple concours de la femme à l'acte de vente emportait renonciation. Mais cette disposition parut à la Commission du Sénat « *excessive et dangereuse* »; la Commission pensa que ce simple concours offrirait toujours matière à discussion et ne présenterait aucune sécurité. Elle crut donc qu'il fallait, pour que le concours de la femme à l'acte d'aliénation pût emporter renonciation, que celle-ci stipulât comme covenderesse ou comme garante ou caution du mari.

11

On fit remarquer que la loi de 1855 n'avait pas voulu limiter les cas de subrogation tacite, qu'il serait dangereux et illogique d'imposer à la renonciation tacite en faveur d'un acquéreur des conditions qui n'existent pas pour toute autre renonciation ou subrogation. La Commission maintint son texte, qui fut adopté afin d'éviter autant que possible les incertitudes. Il en est résulté cette disposition de la loi : « En l'absence de stipulation expresse, la renoncia- « tion par la femme à son hypothèque légale ne pourra « résulter de son concours à l'acte d'aliénation que si elle « stipule, soit comme *covenderesse*, soit comme *garante* ou « *caution* du mari. » Cette rédaction fait disparaître certaines incertitudes, elle en laisse subsister d'autres.

Une chose d'abord est certaine, c'est que le simple concours de la femme à l'acte, sa signature, même précédée du mot *approuvé*, ne suffit plus pour emporter renonciation à l'hypothèque légale. La loi est bien nette sur ce point, et les tribunaux ne pourraient décider le contraire, quelque claire que fût, du reste, l'intention de la femme.

Il faut, pour qu'il y ait renonciation, que la femme ait pris dans l'acte l'une des trois qualités de covenderesse, garante ou caution. Elle prendra l'une ou l'autre de ces qualités suivant les cas ; ainsi, elle se portera covenderesse, par exemple, s'il s'agit de vendre un immeuble de la communauté, puisqu'elle est copropriétaire de ces immeubles. Sa présence, il est vrai, n'est pas nécessaire pour vendre, car le mari, chef de la communauté, a le pouvoir d'aliéner seul ces immeubles ; aussi le concours de la femme à l'acte comme covenderesse indiquera d'autant mieux son intention de renoncer à l'hypothèque légale.

Lorsque la femme a pris part à la vente en qualité de covenderesse, garante ou caution, la renonciation à l'hypothèque légale en résultera-t-elle toujours et nécessairement ?

D'abord, en ce qui concerne l'engagement de la femme comme caution du mari, il faut évidemment répondre négativement. Le rapporteur au Sénat, M. Merlin, supposait, il est vrai, que le cautionnement entraînera en général renonciation de la part de la femme : cela est juste en général ; mais le texte de la loi ne permet pas de croire que les tribunaux soient forcés de voir là une renonciation. L'obligation de la caution est, en effet, une obligation subsidiaire ; elle peut, lorsqu'elle n'est pas solidaire, renvoyer le créancier à discuter les biens du débiteur principal (art. 2021). Si donc la femme, en poursuivant l'acquéreur en vertu de son action hypothécaire (exercée soit par elle, soit par des subrogés), donnait lieu à un recours de l'acquéreur contre son mari, et que celui-ci fût solvable, elle n'aurait elle-même aucun recours à subir. L'obligation de la caution n'est donc pas incompatible avec la conservation de l'hypothèque.

En sera-t-il de même, si la femme s'est obligée comme covenderesse ou garante, et les tribunaux ont-ils la faculté de décider que dans ce cas la femme n'a pas entendu renoncer à son hypothèque légale ? Il faut remarquer d'abord qu'il y a intérêt à savoir, même dans ce cas, si la femme a renoncé, et cela non pas dans les rapports entre elle et l'acquéreur, car, étant garante, elle ne peut évincer, elle ne peut exercer son hypothèque, mais dans les rapports entre l'acquéreur et les subrogés postérieurs ; en effet, ceux-ci étant des ayants-cause à titre particulier de la femme, n'étant pas tenus comme elle à garantie, pourront exercer l'hypothèque, s'il est démontré qu'elle n'y a pas renoncé en faveur de l'acquéreur. L'intérêt de la question étant ainsi déterminé, nous croyons qu'il faut décider, comme au cas de cautionnement, que la femme qui s'engage comme garante ou covenderesse n'est pas *nécessairement* présumée avoir renoncé à son hypothèque. Qu'est-ce que la femme a voulu en s'engageant comme garante envers l'acquéreur ? Peut-être renoncer à son hypothèque, mais peut-être aussi en conserver le bénéfice, non pas pour l'exercer elle-même, sa qualité de garante s'y oppose, mais pour la céder à des tiers qui ne sont pas retenus par la même obligation. Qu'arrivera-t-il si ces tiers évincent l'acquéreur ? Que celui-ci aura un recours contre la femme : elle n'a peut-être pas voulu lui donner autre chose.

Mais il faut bien reconnaître que, si ce résultat est possible, il sera au moins fort rare ; car il serait étrange que la femme vînt dire à l'acquéreur : Je vous garantis de toute éviction ; mais je vais vous évincer indirectement et vous recourrez ensuite contre moi ! N'est-il pas plus naturel de croire que la femme a pris le meilleur moyen pour éviter un recours de l'acquéreur, c'est-à-dire a renoncé à son hypothèque en sa faveur ?

En résumé, la femme qui s'engage envers l'acquéreur comme covenderesse ou comme garante et même, on peut ajouter, comme caution du mari, sera en général censée avoir renoncé à son hypothèque légale. Mais les tribunaux sont toujours libres de décider, d'après les circonstances de la cause, que la femme qui s'est engagée même comme caution, même comme garante ou covenderesse, n'a pas eu l'intention d'accomplir cette renonciation.

§ II. — AUTHENTICITÉ

La capacité requise pour renoncer à l'hypothèque légale est le même que pour subroger ; nous n'y reviendrons pas. Les autres conditions de validité sont l'authenticité et la publicité, la première requise *ergâ omnes*, la seconde à l'égard des tiers seulement.

L'authenticité est requise pour toute renonciation, qu'elle soit extinctive ou translative ; le texte, en effet, est général : « *Dans tous les cas,* cette renonciation n'est valable « et ne produit les effets ci-dessus que si elle est con- « tenue dans un acte authentique. » La loi fait ainsi disparaître la controverse existant à propos des renonciations extinctives. On a voulu, par ce moyen, assurer à la femme une protection réelle bien que discutée : combattre dans l'esprit de la femme l'influence du mari, en présence de ce dernier, est un rôle plus délicat encore pour un officier ministériel que pour un magistrat ; mais, au moins, la femme saura-t-elle à quoi elle s'engage, tandis qu'elle signerait souvent un acte sous seings privés sans le connaître ou sans le comprendre. On objecte que l'exigence de l'authenticité augmente les frais d'acte : l'objection n'est pas sérieuse. L'augmentation, en effet, n'aura lieu que dans des cas assez rares, car si la vente est faite entre individus peu lettrés, ou si, faite entre gens lettrés, elle présente une certaine importance, il est d'usage de la faire par acte notarié. Ce n'est donc que dans des cas peu nombreux qu'on obligera à passer un acte authentique des personnes qui auraient pu s'en dispenser. Du reste, l'augmentation même alors sera minime, car on pourra toujours faire la vente par acte sous seings privés et la renonciation par acte authentique séparé, ce qui ne donnera lieu qu'à un droit peu élevé.

La renonciation doit toujours être faite par acte authentique ; il en est ainsi lorsqu'elle est faite dans l'acte de vente, ou lorsqu'elle constitue l'objet principal ou accessoire d'un acte postérieur, lorsqu'elle est expresse et lorsqu'elle est tacite ; la loi ne distingue pas.

Il y a cependant un cas où le doute peut exister : la femme a renoncé dans l'acte d'aliénation ou par acte authentique postérieur, peu importe ; mais le prix n'ayant pas été payé, elle a conservé son droit de préférence. Plus tard elle consent au paiement du prix par l'acquéreur entre les mains du mari ; elle éteint ainsi ou transporte, suivant les cas, son droit de préférence. Ce consentement doit-il être donné par acte authentique ? Nous n'hésitons pas à répondre affirmativement : car des deux renonciations successives, renonciation au droit de suite, renonciation au droit de préférence, la seconde est à coup sûr la plus importante, celle qui peut le plus facilement entraîner pour la femme la perte de ses reprises. La première n'avait enlevé à la femme que le droit de suite, le droit de faire saisir et de surenchérir en cas de purge, la seconde lui enlève son droit sur le prix ; on ne comprendrait pas que l'authenticité fût requise pour l'une et non pour l'autre.

De ce qu'un acte authentique est exigé pour la renonciation, il résulte que la procuration, donnée par la femme à l'effet de consentir une renonciation, devrait également être authentique. Le notaire, qui dresserait un acte contenant renonciation dans lequel la femme serait représentée par un mandataire muni d'une simple procuration sous seing privé, ferait un acte nul et serait responsable des conséquences de cette nullité (1).

Mais si la loi veut toujours un acte authentique, elle n'exige pas du moins un *acte notarié*, et nous ne saurions admettre l'opinion de M. Buot de l'Epine, qui déclare nulle, sans du reste en donner les motifs, la renonciation contenue dans un acte authentique autre qu'un acte notarié. Il n'y a rien de pareil dans la loi. La renonciation sera donc valable, si elle est contenue dans un jugement ou un procès-verbal de conciliation.

L'authenticité est requise ici comme pour les subrogations, *ad solemnitatem*. Sans authenticité, l'acte n'a aucune valeur ; il est nul absolument, *ergâ omnes*. Il ne peut être ratifié et tous les intéressés, la femme comme les tiers, peuvent demander la nullité. L'authenticité est en effet requise dans l'intérêt de la femme, et, d'ailleurs, les termes de la loi ne peuvent laisser aucun doute : « Dans tous les « cas, la renonciation *n'est valable* et *ne produit les effets* « *ci-dessus*, que si elle est contenue dans un acte authen« tique. » La renonciation sous seing privé ne produit donc aucun effet, pas plus à l'égard de la femme qu'à l'égard des tiers.

§ III. — PUBLICITÉ

Nous avons dit qu'une controverse existait avant la loi de 1889 sur la publicité des renonciations extinctives.

(1) Cass., 24 mai 1886, D. P., 87, 1, 222.

D'après la loi du 13 février 1889, toutes les renonciations
en faveur d'un acquéreur d'immeubles grevés de l'hypothèque légale sont soumises à la même publicité. Mais cette
publicité est d'un genre nouveau en matière d'extinction
et de transport des hypothèques. Ce n'est plus au registre
des inscriptions, mais au registre des transcriptions que se
fait la publicité, d'après l'alinéa premier de la loi (al. 3 de
l'art. 9 modifié).

Deux cas sont à considérer et deux modes distincts de
publicité :

Ier Cas : La renonciation a lieu dans l'acte même d'acquisition. Dans ce cas, c'est la transcription de l'acte d'aliénation qui opère la publicité requise à l'égard des tiers.
C'est donc *un extrait des transcriptions*, et non pas un
état des inscriptions, qu'il faut demander si l'on veut avoir
des renseignements sur les renonciations qui ont pu se
produire au profit des acquéreurs d'un immeuble. Les tiers
que la femme voudrait subroger à son hypothèque légale,
verront par cet extrait des transcriptions que la femme a
renoncé à son hypothèque en faveur de l'acquéreur, que
l'hypothèque qui leur serait cédée ne pourrait plus être
opposée à cet acquéreur, et ils agiront en conséquence.

Ce système de publicité est simple et peu coûteux ; l'acquéreur qui fera transcrire son titre se trouvera du même coup
avoir publié la renonciation faite à son profit, tout comme
le vendeur, par la même transcription, conserve son privilège. Ce privilège, il est vrai, est inscrit d'office par le
conservateur des hypothèques ; l'art. 2108, tout en donnant
grande facilité au vendeur pour conserver son privilège,
respecte aussi le système de la publicité des privilèges et
hypothèques au moyen d'inscriptions. On a proposé au
Sénat d'édicter une mesure analogue pour la renonciation
à l'hypothèque légale en faveur d'un acquéreur : le conservateur eût été tenu de l'inscrire d'office (1). Cette motion
n'a pas été admise.

(1) Séance du 6 février 1888.

— 168 —

2ᵐᵉ Cas : La renonciation a lieu par acte postérieur à l'aliénation. Ce n'est plus cette fois la transcription de l'acte contenant renonciation qui est ordonnée ; il faut que l'acte d'aliénation soit déjà transcrit, et la publicité de la renonciation consiste à la mentionner en marge de cette transcription. Ici encore les tiers intéressés devront se faire délivrer un extrait des transcriptions qui contiendra néces-sairement la mention marginale de la renonciation.

On proposa, dans le cours de la discussion au Sénat, d'exiger en ce cas que la renonciation fût rendue publique par une inscription (1). Mais cette exigence eût entraîné de nombreux inconvénients : c'était d'abord rétablir ces frais qu'on avait pour but de supprimer, car on obligeait ainsi l'acquéreur à faire inscrire l'hypothèque éteinte à son égard, et c'est précisément ce que l'on voulait éviter. On compliquait, en outre, les écritures ; on embarrassait les tiers qui auraient dû s'adresser tantôt au registre des ins-criptions, tantôt à celui des transcriptions, le plus souvent à tous les deux, dans l'ignorance où ils se seraient trouvés sur le point de savoir si la renonciation avait lieu dans l'acte d'aliénation ou postérieurement.

Du moment que l'on avait adopté pour les renonciations en faveur d'un acquéreur, une certaine publicité, il valait mieux s'en tenir à la transcription, seule, et pour tous les cas, que d'adopter un double système. On s'en est tenu à la mention en marge de la transcription et l'on a bien fait.

L'effet de cette transcription ou mention marginale est de rendre la renonciation opposable aux tiers. Ainsi, quand la femme a renoncé dans l'acte même d'aliénation, elle ne peut plus subroger des tiers à son hypothèque en tant qu'elle porte sur l'immeuble aliéné, pourvu que l'acte soit transcrit. Si l'acte n'est pas encore transcrit et que la femme subroge des tiers qui inscrivent immédiatement la subrogation, ceux-ci pourront opposer leur subrogation à

(1) MM. Cazot et Léon Clément, séance du 6 février 1888.

l'acquéreur. La femme, évidemment, a trompé l'acquéreur, mais celui-ci n'est-il pas en faute de n'avoir pas transcrit en temps utile? Il se pourrait, cependant, qu'il y eût collusion frauduleuse entre le subrogé et la femme, par exemple si le subrogé savait qu'une renonciation avait eu lieu en faveur de l'acquéreur; cette collusion serait de nature à rendre la subrogation inopposable à l'acquéreur.

Si, au contraire, l'acte ayant été transcrit, la femme subroge des tiers, ceux-ci sont trompés, mais de quoi se plaindraient-ils? ils devaient, avant d'accepter, consulter le registre des transcriptions qui leur eût révélé l'extinction de l'hypothèque relativement à l'acquéreur.

Ce n'est qu'au regard des tiers, que la publicité est requise; elle ne l'est point à l'égard de la femme qui n'est pas un tiers. La femme ne peut donc se prévaloir du défaut de publicité pour faire tomber la renonciation, pas plus qu'un vendeur ne peut se prévaloir du défaut de transcription pour faire annuler la vente par lui consentie.

Parmi les tiers qui peuvent invoquer le défaut de publicité de la renonciation, il faut compter, en premier lieu, les subrogés soit antérieurs soit postérieurs à l'acte portant renonciation, mais *inscrits dans tous les cas avant la transcription* ou la mention marginale de cet acte.

Ces tiers seront, en second lieu, les créanciers hypothécaires inscrits sur l'immeuble et inférieurs en rang à la femme. Souvent, il est vrai, ils n'auront pas intérêt à faire tomber la renonciation, car, s'ils ne sont pas primés par l'acquéreur, ils le seront par la femme. Voici cependant un cas où leur intérêt apparaît avec évidence : la femme a consenti à ce que l'acquéreur payât son prix entre les mains du mari; elle a ainsi subrogé l'acquéreur à son droit de préférence. Puis, le mariage s'étant dissous, la femme n'a pas inscrit son hypothèque légale dans l'année de la dissolution (art. 8, L. 23 mars 1855). Elle ne prime donc plus les créanciers dont nous parlons, et ceux-ci peuvent faire tomber la renonciation non transcrite sans crainte de voir la femme les primer à la place de l'acquéreur.

En ce qui concerne les créanciers chirographaires de la femme, nous croyons qu'ici comme au cas de subrogation ils peuvent invoquer le défaut de publicité. Ces créanciers, nous l'avons dit, sont des tiers au sens de l'art. 9, parce que les tiers, en ce sens, sont tous ceux qui n'ont pas été partie à l'acte et qui ont intérêt à faire tomber la renonciation, l'art. 3 de la loi du 23 mars 1855 n'étant pas applicable en la matière. Il est vrai que, dans le nouveau paragraphe ajouté à l'art. 9, c'est la transcription qui est exigée comme mode de publicité, et que les créanciers chirographaires ne peuvent se prévaloir du défaut de transcription suivant l'art. 3; mais s'ils ne peuvent se prévaloir du défaut de transcription lorsqu'elle est destinée à publier la transmission des droits prévus par les art. 1 et 2 de la même loi, ils peuvent s'en prévaloir lorsqu'elle est destinée à publier comme dans notre espèce une transmission ou une extinction d'hypothèque ; la transcription joue ici le rôle d'une inscription, par suite tous ceux qui peuvent se prévaloir du défaut d'inscription peuvent se prévaloir du défaut de transcription.

Quant à l'intérêt des créanciers chirographaires de la femme à faire tomber la renonciation, il apparaît lorsque le droit de préférence a fait aussi l'objet de la renonciation. Il peut arriver, en effet, que l'acquéreur fasse à l'égard des créanciers hypothécaires inscrits, les formalités de la purge, ou que l'immeuble soit l'objet d'une vente forcée, et que l'acquéreur dans l'un et l'autre cas veuille, en vertu de la renonciation subrogative à lui consentie, se faire colloquer aux lieu et place de la femme; alors les créanciers personnels de la femme ont intérêt à écarter l'acquéreur pour faire colloquer la créance de la femme et s'en faire distribuer le produit au marc le franc.

Si l'on suppose, dans les deux hypothèses que nous venons d'examiner, que le prix était payé au moment de la renonciation, la transcription ou la mention marginale suffit pour avertir les tiers que le droit de suite et le droit de préférence sont l'un et l'autre éteints. Lors, en effet, que l'acte d'aliénation portant renonciation ou l'acte ultérieur de renonciation contiennent en même temps la quittance du prix, le concours de la femme à cet acte emporte au profit de l'acquéreur extinction ou subrogation au droit de préférence, extinction lorsqu'il n'y a pas d'autres hypothèques, subrogation dans le cas contraire (al. 5 de la loi du 13 fév. 89, al. 7 de l'art. 9 modifié). Par suite, les tiers que la femme voudrait plus tard subroger à son hypothèque légale en général seront suffisamment avertis que la femme n'a rien conservé de son hypothèque, pas même le droit de préférence sur le prix de l'immeuble vendu.

Mais en est-il de même, lorsque la femme n'a point consenti au paiement du prix par l'acquéreur, et qu'elle a par suite conservé son droit de préférence, si plus tard elle renonce en faveur de l'acquéreur à ce droit de préférence ? Cette nouvelle renonciation doit-elle être publiée, et dans quelle forme ?

La réponse à cette double question est difficile à cause de l'obscurité qui enveloppe le dernier alinéa de la nouvelle loi et de sa rédaction extrêmement défectueuse.

D'abord, une publicité quelconque est-elle utile quand la renonciation ou la subrogation au droit de préférence intervient dans un acte postérieur à la première renonciation qui n'avait éteint que le droit de suite ? On l'a nié : « Nous « considérons comme suffisante, dit M. Buot de l'Epine, « la transcription de la renonciation originaire ou sa mention en marge de la transcription de l'acte de vente. « Cette publicité est suffisante pour que la renonciation « produise tous ses effets *ergâ omnes* lorsque le paiement « a lieu comptant. Elle doit suffire lorsque, par une « circonstance peut-être accidentelle, le paiement a lieu « plus tard. »

Oui, la transcription suffit, quand le paiement a lieu comptant, pour publier la renonciation ; mais pourquoi ? Parce que les tiers sont avertis, par cette transcription même, que la femme, ayant consenti au paiement, a éteint ou transporté à l'acquéreur son droit de préférence, qu'elle ne conserve plus aucune partie de son hypothèque sur l'immeuble vendu. Mais quand le paiement n'a pas lieu comptant, la transcription apprend précisément aux tiers que si la femme a perdu son droit de suite elle a conservé son droit de préférence et que par suite elle peut le transmettre. La transcription indique, ajoute-t-on, que ce droit de préférence ne vivra pas ou ne restera pas longtemps entre les mains de la femme, qu'à un terme plus ou moins rapproché il doit passer sur la tête de l'acquéreur. C'est possible, mais en attendant, si la femme affirme aux tiers qu'elle a encore son droit de préférence qu'elle veut leur céder, comment pourront-ils s'assurer du contraire ? Et la femme qui, postérieurement à sa renonciation, a transmis son droit de préférence à l'acquéreur va pouvoir céder ce même droit à des tiers ? Une publicité quelconque serait donc extrêmement utile pour éviter ces surprises.

Il faut bien reconnaître cependant que la loi n'exige, en principe, aucune publicité pour la transmission du droit de préférence seul ou son extinction en faveur de l'acquéreur : « Le concours ou le consentement donné par la « femme, soit à un acte d'aliénation contenant quittance « totale ou partielle du prix, *soit à l'acte ultérieur de* « *quittance totale ou partielle*, emporte même, à due concurrence, subrogation à l'hypothèque légale sur l'immeuble vendu, au profit de l'acquéreur, vis-à-vis des « créanciers hypothécaires postérieurs en rang. » Voilà ce que dit la loi, et elle ne met aucune condition de publicité à cette subrogation. Ce résultat est d'autant plus certain que le rapporteur de la loi, M. Merlin, a déclaré, faisant allusion au cas qui nous occupe, « que cette subrogation « peut s'accomplir de plein droit et sans aucune formalité « de publicité. » Quelque regrettable que soit cette solution au point de vue de l'intérêt des tiers, il faut avouer qu'elle est exacte en principe, étant donnés les termes de la loi.

Mais il nous paraît certain aussi que, dans certains cas,

une publicité est exigée pour la transmission à l'acquéreur du droit de préférence et que cette publicité s'opère par une inscription. C'est, dit-on, théoriquement impossible, car, la renonciation valant purge, la femme ne conserve que son droit de préférence : ce n'est donc pas une hypothèque qu'elle cède à l'acquéreur, mais un droit de préférence non susceptible d'inscription. Le droit de préférence, en effet, ne s'inscrit pas ; il se conserve sans aucune formalité, et c'est ainsi que l'hypothèque, réduite au droit de préférence après la purge, se conserve sans qu'il soit besoin de renouveler l'inscription.

Il est très vrai que le droit de préférence se conserve sans aucune publicité, soit après la purge, soit après la renonciation au droit de suite ; mais ce n'est pas une raison pour qu'on ne puisse inscrire la transmission de ce droit de préférence si la loi l'ordonne.

Or il nous paraît résulter et des termes de la loi et des travaux préparatoires, qu'une inscription est exigée dans certains cas pour publier la cession du droit de préférence à l'acquéreur.

Nous reproduisons l'alinéa 5 de la nouvelle loi :

« Le concours ou le consentement donné par la femme, « soit à un acte d'aliénation contenant quittance totale ou « partielle du prix, soit à l'acte ultérieur de quittance to- « tale ou partielle, emporte même, à due concurrence, sub- « rogation à l'hypothèque légale *sur l'immeuble vendu,* « au profit de l'acquéreur, vis-à-vis des créanciers hypo- « thécaires postérieurs en rang; *mais cette subrogation* « *ne pourra préjudicier aux tiers qui deviendraient ces-* « *sionnaires de l'hypothèque légale de la femme sur* « *d'autres immeubles du mari, à moins que l'acquéreur* « *ne se soit conformé aux dispositions du § 1er du pré-* « *sent article.*

Comme la nouvelle loi est incorporée à l'article 9, il est certain que le § 1er auquel fait allusion l'alinéa que nous venons de citer, est le § 1er de l'art. 9 ; il est donc certain qu'une inscription est exigée. Dans quels cas est-elle nécessaire ?

On voit, en lisant le texte de la loi, qu'elle prévoit un conflit impossible. La loi dit, en effet, que le consentement de la femme au paiement du prix emporte subrogation à l'hypothèque légale *sur l'immeuble vendu*, et elle ajoute que cette subrogation ne pourra préjudicier aux tiers qui deviendraient cessionnaires de l'hypothèque *sur d'autres immeubles* ; hypothèse évidemment chimérique. Comment un conflit pourrait-il se produire entre deux cessionnaires de l'hypothèque sur des immeubles différents ? Ce n'est sûrement pas ce que le législateur a voulu dire.

Le cas prévu serait-il celui où l'acquéreur aurait obtenu la subrogation, non seulement sur l'immeuble vendu, mais encore sur les autres immeubles, et la loi voudrait-elle dire que l'acquéreur devrait inscrire cette subrogation en tant qu'elle frappe les autres immeubles pour pouvoir l'opposer aux tiers ? Mais, outre que le législateur se serait servi de termes bien étranges et aurait dissimulé sa pensée comme à plaisir, il était bien inutile de faire une pareille remarque. N'est-ce pas là une obligation certaine pour l'acquéreur ? Ne résulte-t-elle pas du § 1er de l'art. 9, sans qu'il fût besoin de revenir là-dessus ?

L'explication de ce passage énigmatique serait peut-être impossible, si les travaux préparatoires n'apportaient un peu de lumière dans toute cette obscurité.

A la séance du 6 février 1888, au Sénat, M. Lacombe fit observer que l'extinction même du droit de préférence ne serait pas suffisante pour garantir l'acquéreur lorsqu'il existe des créanciers hypothécaires autres que la femme, et que la subrogation serait dans ce cas nécessaire à l'acquéreur. On admet avec raison cette subrogation lorsque la femme a consenti au paiement du prix. Et M. Merlin, dans son rapport supplémentaire du 25 mai 1888, ajoutait :
« La subrogation, dans ce cas, peut s'accomplir de plein
« droit et sans aucune formalité de publicité, le contrat
« intervenu entre la femme et l'acquéreur ne modifiant pas

« la situation des créanciers inscrits. » Mais si l'intérêt
des autres créanciers n'est pas en jeu, il y a des tiers que
la cession du droit de préférence pourrait léser : ce sont
les subrogés postérieurs, et c'est pourquoi le rapporteur disait encore : « Il est un cas cependant *où la condition de
« publicité imposée par le § 1ᵉʳ de l'art. 9 devra être
« imposée à l'acquéreur ; c'est celui où l'hypothèque légale
« de la femme grève d'autres immeubles du mari* que
« l'immeuble vendu avec le concours de la femme. La
« femme alors reste libre de traiter avec les tiers de cette
« hypothèque à laquelle elle n'a pas renoncé : elle peut la
« céder ou y subroger ; mais on comprend que la créance
« que l'hypothèque générale était destinée à garantir, se
« trouve réduite de la somme représentant le prix ou la
« portion du prix de l'immeuble vendu au paiement duquel
« elle a consenti, et que dès lors elle ne peut, sans tromper
« les tiers avec qui elle traitera, leur céder qu'une garantie
« correspondant à ce qui lui reste effectivement dû sur sa
« créance. Mais comment le tiers sera-t-il averti de la
« situation, *si ce n'est par l'accomplissement des for-
« malités de publicité prescrites par le § 1ᵉʳ de
« l'art. 9 ? (1)* »

A la suite de ces réflexions, l'amendement Lacombe
fut adopté et forma le cinquième alinéa de la loi. Ainsi,
d'après le rapporteur, dont la pensée, très clairement exprimée par lui, se réflète, quoique d'une façon confuse,
dans le texte de la loi, deux cas sont à considérer en cas
de subrogation de l'acquéreur au droit de préférence postérieure à la renonciation à l'hypothèque légale ; ou bien
le mari n'a pas d'autres immeubles, et alors la subrogation au droit de préférence a lieu de plein droit et sans au-

(1) *Journal officiel* du 30 août 1888, documents parlementaires,
p. 314, annexe, nº 344. Le rapporteur s'est mal exprimé en disant
que la créance de la femme est diminuée par la subrogation ; c'est
son droit hypothécaire seulement qui est diminué en proportion de
la valeur de l'immeuble vendu. La pensée de M. Merlin n'en est pas
moins claire.

cune publicité: ou bien le mari a d'autres immeubles que l'immeuble vendu, et en ce cas l'acquéreur, s'il veut pouvoir opposer son droit de préférence aux subrogés postérieurs, doit publier la subrogation à lui consentie et doit la publier par une inscription.

Nous croyons que cette solution résulte et du texte de la loi qui exige, à n'en pas douter, une inscription dans certains cas, et des travaux préparatoires qui indiquent dans quels cas cette inscription est nécessaire. Mais il faut reconnaître que la loi mérite sur ce point, tant au fond qu'en la forme, de graves critiques.

Il est regrettable d'abord, au point de vue de la forme, qu'on soit obligé de chercher dans les travaux préparatoires non pas seulement, comme cela se présente souvent, l'interprétation à donner dans un cas non expressément prévu par la loi, mais l'explication du sens même de cette loi ; il n'est pas moins regrettable qu'on soit obligé de rejeter comme chimérique l'hypothèse prévue par la loi et d'en chercher une voisine de celle-là et d'une réalisation possible afin de donner au texte un sens raisonnable.

Quant au fond, nous ferons les observations suivantes : La loi ordonne que la *cession du droit de préférence* à l'acquéreur soit publiée ; elle n'ordonne point la publicité de l'*extinction* de ce droit ; pourquoi cette différence ? Le danger pour les tiers que la loi veut protéger, c'est-à-dire pour les subrogés postérieurs, n'est-il pas le même dans les deux cas ? Le droit de préférence sera éteint *ergà omnes*, sans publicité aucune, et cependant les subrogés postérieurs, qui sont aussi trompés, n'ont rien à se reprocher, puisque le registre des transcriptions leur indiquait que la femme n'avait renoncé qu'à son droit de suite, qu'elle avait conservé le droit de préférence.

La loi n'ordonne donc la publicité que lorsqu'il y a cession du droit de préférence à l'acquéreur et, même dans ce cas, elle a le tort de distinguer entre deux hypothèses entre lesquelles il n'y avait pas lieu de mettre une différence. La loi exige l'inscription lorsque le mari a des immeubles autres que l'immeuble vendu; la subrogation se fait au contraire sans publicité lorsque le mari n'a pas d'autres immeubles. Pourquoi cette distinction? La cession du droit de préférence ne présente-t-elle pas pour les tiers les mêmes dangers dans le second cas que dans le premier? D'ailleurs, cette distinction n'est nullement pratique: l'acquéreur n'est pas tenu de savoir si le mari a ou n'a pas d'autres immeubles, et il lui sera souvent difficile de s'en assurer. En outre, si le mari n'a pas d'autres immeubles au moment de la vente ou de la cession du droit de préférence, il se peut qu'il en acquière plus tard. Dès lors l'acquéreur, s'il veut être complètement à l'abri, devra, dans tous les cas, prendre inscription, à moins qu'il n'ait toujours la précaution d'exiger la renonciation au droit de préférence en même temps que la renonciation au droit de suite.

Remarquons enfin combien la partie finale de la loi de 1889 est en désaccord avec ses autres dispositions. Avant 1889, un seul genre de publicité, tant pour les renonciations que pour les subrogations: c'était l'inscription ou la mention en marge d'une inscription préexistante.

On chercha un moyen facile et économique d'opérer cette publicité pour les renonciations en faveur d'un acquéreur d'immeubles grevés de l'hypothèque légale; on décida que la publicité consisterait dans la transcription de l'acte d'aliénation si la renonciation y était contenue, ou dans la mention de la renonciation en marge de la transcription si elle avait lieu par acte authentique postérieur. Ce système une fois admis, pourquoi ne pas le continuer jusqu'au bout? Pourquoi ne pas décider que lorsque la cession ou l'extinction du droit de préférence interviendrait postérieurement à la renonciation, cette subrogation ou extinction serait publiée, elle aussi, par une mention en marge de la transcription? Les intéressés eussent ainsi trouvé dans un seul registre, celui des inscriptions, toutes les indications utiles.

Au lieu de cela, on impose à l'acquéreur une ins-

12

cription : on le force à faire des frais qu'on voulait éviter. On oblige les tiers à consulter deux registres au lieu d'un, par suite, doubles frais pour eux. On complique, au lieu de les simplifier, et les formalités imposées à l'acquéreur et les recherches nécessaires aux tiers.

En somme, rédaction extrêmement obscure et défectueuse, distinction injustifiable, mauvaise méthode de publicité, voilà ce qui ressort du dernier alinéa de la loi du 13 février 1889, si l'on adopte la solution qui nous paraît résulter du texte et des travaux préparatoires de la loi. Nous ne savons encore si la jurisprudence suivra cette voie ; c'est peu probable, parce que ce système est peu pratique, et nous la verrions sans regret décider qu'aucune publicité n'est requise pour la subrogation au droit de préférence, quand elle intervient postérieurement à la renonciation. Les intérêts des tiers seraient quelque peu lésés ; mais ceux de l'acquéreur, plus prochains et moins éventuels, seraient sauvegardés.

D'ailleurs, l'acquéreur évitera toute difficulté, s'il exige que la femme, en même temps qu'elle renonce à son hypothèque légale, consente par avance au paiement du prix entre les mains du mari ; il n'aura alors qu'à transcrire ou opérer la mention marginale pour accomplir toute la publicité désirable.

En résumé, les obligations de l'acquéreur, quant à la publicité, sont les suivantes :

Tout acte d'aliénation contenant renonciation expresse ou tacite de la femme à l'hypothèque légale doit être *transcrit.*

Tout acte postérieur à l'aliénation et contenant renonciation expresse ou tacite à l'hypothèque légale sur l'immeuble vendu doit être *mentionné en marge de la transcription* de l'acte d'aliénation.

Tout acte postérieur à la renonciation et portant *subrogation* au droit de préférence au profit de l'acquéreur doit être *inscrit,* lorsque le mari a d'autres immeubles que l'immeuble vendu. Cette subrogation est *dispensée de publicité*, lorsque le mari n'a pas d'autres immeubles. D'après une opinion contraire, la subrogation au droit de préférence au profit de l'acquéreur est dans tous les cas dispensée de publicité (1).

Aucune publicité n'est requise pour l'*extinction* du droit de préférence postérieure à la renonciation à l'hypothèque légale.

---

(1) La subrogation au droit de préférence, si elle avait lieu au profit d'un tiers, serait une véritable cession de créance; elle devrait alors être publiée conformément à l'art. 1690, C. civ.

CHAPITRE III

Effets de la Renonciation

Les effets de la renonciation varient suivant que, lors de la renonciation, la femme ne consent pas ou consent au paiement du prix par l'acquéreur ; ils sont plus étendus dans la seconde hypothèse que dans la première.

1er CAS. — La femme renonce à son hypothèque légale, soit dans l'acte d'aliénation, soit postérieurement, mais sans que, dans l'acte contenant renonciation, elle ait consenti au paiement du prix. Ce sera le cas le plus ordinaire, car cette renonciation suffira en général pour garantir l'acquéreur de l'éviction.

Les effets en sont réglés par l'alinéa 1er de la nouvelle loi (al. 3 de l'art. 9 modifié) : « La renonciation par la « femme à son hypothèque légale au profit de l'acquéreur « d'immeubles grevés de cette hypothèque en emporte « l'extinction et *vaut purge* à partir, etc... »

On peut remarquer ici une sorte de contradiction dans les termes de la loi, car purge et extinction sont deux choses différentes : si la renonciation vaut purge, elle n'éteint donc pas l'hypothèque. Mais la pensée de la loi est facile à saisir ; l'effet de la renonciation est de purger l'hypothèque à partir du moment où la renonciation est publiée. Cette purge a lieu sans autre formalité que la transcription.

La renonciation, produisant l'effet de la purge, n'éteint pas complètement l'hypothèque : elle dépouille la femme du droit de suite, elle lui laisse le droit de préférence. La

femme perd donc le droit de faire saisir l'immeuble, de
sommer l'acquéreur de payer ou délaisser, et de surenchérir au cas où l'acquéreur opèrerait la purge à l'égard
d'autres créanciers inscrits.

Le droit de préférence survit à la purge des hypothèques
non inscrites ; cela n'est pas contesté depuis la loi du 21
mai 1858, qui a modifié de nombreux articles du code de
procédure concernant la saisie et l'ordre, et entre autres
l'art. 772. D'après cet article, les créanciers à hypothèque
légale, qui n'ont pas pris inscription après les délais de
l'art. 2192, conservent leur droit de préférence, pourvu
qu'un ordre s'ouvre dans les trois mois qui suivent l'expiration de ce délai et, en outre, à condition de produire
avant la clôture de l'ordre, si l'ordre est amiable, et dans
les quarante jours à dater de la sommation prescrite par
l'art. 753, si l'ordre se règle judiciairement (art. 772, 754,
717, C. pr.).

Mais bien que le droit de préférence survive à la purge
des hypothèques légales, il n'était pas inutile de spécifier
cette survie au cas de renonciation ; en effet, avant la loi
de 1889, on n'était pas d'accord sur le point de savoir si
la femme qui avait renoncé conservait son droit de préférence à l'encontre de l'acquéreur. Il y avait des décisions
pour l'affirmative, d'autres pour la négative. Il était donc
utile de dire expressément que le droit de préférence
survit à la purge, lorsque celle-ci est produite par une
simple renonciation , car il aurait pu y avoir doute à cet
égard.

Le droit de préférence conservé par la femme permet à
celle-ci de se faire colloquer sur le prix avant les créanciers postérieurs en rang, car la renonciation ne peut profiter aux tiers. Cette collocation sera définitive si l'ordre
ouvert sur le prix a lieu après la dissolution du mariage
ou la séparation de biens, les reprises de la femme pouvant alors être liquidées d'une façon certaine. La collocation ne sera que provisoire dans le cas contraire.

Le droit de préférence qui survit à la renonciation diffère

à plusieurs points de vue de celui qui survit à la purge
des hypothèques légales ou au jugement d'adjudication en
suite de saisie. Dans ces deux derniers cas, l'exercice de
ce droit est soumis à certaines conditions qui en limitent
rigoureusement la durée : nous les avons énoncées ci-dessus, elles sont fixées par les art. 772 et 717 du Code de
procédure. Aucune de ces conditions n'est imposée à l'exercice du droit de préférence après la renonciation ; la chose
ne saurait faire aucun doute. Le projet voté par la Chambre renvoyait, en effet, aux art. 772 et 717, C. pr. ; un
amendement fut présenté par M. Lacombe, tendant à supprimer le renvoi à l'art. 772 comme renfermant l'exercice
du droit de préférence dans un délai qu'il était absolument
injuste d'imposer à la femme. La commission adopta cet
amendement, mais elle proposa de supprimer, en outre, le
renvoi à l'art. 717, ce qui fut admis.

Ainsi, il n'est pas nécessaire qu'un ordre soit ouvert dans
les trois mois de la transcription et, l'ordre une fois ouvert, il n'est pas nécessaire que la femme produise dans
les délais de l'art. 717. Le droit de préférence dure donc
indéfiniment, et il n'y a déchéance de la femme que si,
ayant été régulièrement sommée suivant l'art. 763, elle
n'a pas produit dans les quarante jours de cette sommation (art. 754). Les créanciers inscrits qui poursuivent
l'ouverture de l'ordre feront donc sagement de sommer la
femme de produire, s'ils veulent faire courir contre elle le
délai de quarante jours entraînant forclusion. L'ordre peut
aussi être provoqué par l'acquéreur qui devra également
faire cette sommation (art. 772, C. pr.).

Le droit de préférence conservé par la femme est opposable à l'acquéreur, c'est-à-dire que celui-ci ne peut payer
sans le consentement de la femme sous peine de payer
deux fois ; l'alinéa 4 de la loi le dit très clairement :
« Toutefois la femme conserve son droit de préférence sur
« le prix, mais sans pouvoir répéter contre l'acquéreur le
« prix ou la partie du prix *par lui payé de son consente-*

« *ment...* » La femme pourrait donc répéter le prix payé par l'acquéreur sans son consentement.

Ce consentement pourra être donné tacitement par le concours de la femme à la quittance ; il pourra être donné aussi expressément dans un acte quelconque, pourvu que cet acte soit authentique. Il pourra être donné, soit à l'avance dans l'acte même d'aliénation, soit postérieurement au paiement du prix et à titre de ratification. L'acquéreur évitera toute difficulté en exigeant que, dans l'acte même de renonciation, la femme consente par avance au paiement du prix.

La conservation du droit de préférence par la femme n'est soumise à aucune publicité spéciale : elle est suffisamment publiée par la transcription de la renonciation qui indique aux tiers que la femme, n'ayant pas consenti au paiement du prix, a conservé son droit de préférence.

Si la femme cède son droit de préférence à des tiers, elle fait une véritable cession de créance. Cette cession devra donc être signifiée à l'acquéreur ou acceptée par lui dans un acte authentique, suivant l'art. 1690, C. civ. Cette formalité une fois accomplie, ce n'est plus le consentement de la femme, mais celui du cessionnaire que l'acquéreur devrait obtenir pour se libérer valablement.

Le droit de préférence peut être cédé à l'acquéreur lui-même; une telle cession lui est fort utile lorsqu'il y a des créanciers postérieurs inscrits. Il pourra ainsi soit éviter l'éviction, soit en tous cas se faire colloquer au rang de la femme pour le prix payé par lui. La simple extinction du droit de préférence ne profiterait en ce cas qu'aux tiers qui ne doivent point en bénéficier.

Cette subrogation est prévue dans l'alinéa 5 de la loi : le concours ou le consentement de la femme à l'acte contenant quittance totale ou partielle emporte subrogation, à due concurrence, au profit de l'acquéreur quand il y a des créanciers postérieurs inscrits. La subrogation au droit de préférence peut être expresse ou tacite; c'est une subrogation tacite que prévoit la loi. Elle résulte du concours ou

consentement donné par la femme à l'acte contenant
quittance; mais ne résulte-t-elle que de ce concours? Ce
serait une interprétation trop littérale que de répondre
affirmativement; la loi a prévu ce cas parce qu'il sera, en
effet, le plus fréquent; mais il est évident que le consentement exprès ou tacite donné par la femme à ce que le
prix soit payé entre les mains du mari doit emporter subrogation alors même que la femme n'intervient pas dans
la quittance. Ce consentement, en effet, éteint le droit de
préférence à l'égard de l'acquéreur qui peut payer sans
craindre de répétition de la part de la femme. Mais s'il y a
d'autres créanciers inscrits sur l'immeuble, la subrogation
lui est nécessaire; il est naturel de penser qu'elle est dans
l'intention de la femme à qui elle ne peut nuire en aucune
manière.

Il y a donc subrogation au droit de préférence toutes les
fois que la femme consent tacitement ou expressément au
paiement passé ou futur du prix entre les mains du mari.
L'effet de la subrogation est de permettre à l'acquéreur de
primer les créanciers postérieurs à la femme, pour le prix
par lui payé; si l'immeuble a été vendu un juste prix,
l'acquéreur évitera souvent l'éviction, les créanciers n'ayant
pas alors intérêt à faire revendre.

La créance de la femme cesse d'être hypothécaire pour
une somme égale à celle pour laquelle l'acquéreur a été
subrogé. La femme acquiert une nouvelle créance hypothécaire sur les autres immeubles, créance qui prend rang
à la date de la renonciation. Elle garde son rang primitif
pour le reste de sa créance.

Il peut arriver que la vente vienne à être résolue soit en
vertu d'une condition résolutoire expresse, soit parce que
l'une des parties n'aurait pas satisfait à son engagement
(art. 1184, C. civ.). La condition résolutoire expresse ou
tacite opère la révocation de l'obligation et remet les
choses au même état que si le contrat n'avait pas eu lieu
(art. 1183). La vente est donc rétroactivement anéantie, et
il en est de même, par suite, de la renonciation ou subroga-

tion qui n'était qu'un accessoire de la vente. L'acquéreur ne pourrait même pas user du droit de préférence pour se faire colloquer dans l'ordre en cas de vente de l'immeuble à raison du prix payé par lui au mari (1).

On s'est demandé si la loi du 13 février 1889 a un effet rétroactif.

En ce qui concerne la qualité de covenderesse, garante ou caution, exigée désormais pour que le concours de la femme à l'aliénation emporte renonciation tacite, il est certain que cette disposition innove sur les anciens errements et ne peut avoir aucun effet rétroactif. Par suite, les tribunaux ont toujours pleine liberté pour décider que le simple concours de la femme à un acte d'aliénation antérieur au 13 février 1889 emporte renonciation tacite à l'hypothèque légale.

Quant à la nécessité de l'inscription des renonciations *extinctives* antérieures à la nouvelle loi, on sait qu'une controverse existait sur ce point. La Cour de cassation vient de trancher la question dans un arrêt tout récent. Le 11 mai 1887, le tribunal de Cambrai avait admis qu'une renonciation en faveur d'un acquéreur *non inscrit* n'était pas opposable aux tiers ; ce jugement fut confirmé par la Cour de Douai (2). Mais la Cour de cassation, postérieurement à la loi de 1889, décide « que si la loi du 13 février « 1889, dont le but a été de mettre fin sur ce point à toute « controverse, contient en ce sens une disposition ex- « presse, elle n'a point innové dans cette mesure, mais « consacré la doctrine généralement admise dans la pra- « tique, tout en la complétant par des dispositions acces- « soires, etc. (3). » La Cour suprême décide en consé- quence que les renonciations antérieures à la nouvelle loi, lorsqu'elles ont un caractère extinctif, sont dispensées de toute formalité autre que la transcription. Quelle que soit

(1) Paris, *Audience solennelle*, 10 fév. 1873, D. P., 74, 2, 183.
(2) Douai, 22 déc. 1887, D. P., 91, 1, 467.
(3) Cass., 5 mai 1890, ibid.

la valeur de cette solution en théorie, la question est désormais tranchée en pratique.

L'inscription est requise pour les renonciations antérieures à la loi du 13 février 1889, lorsqu'elles ont un caractère *translatif*.

Quant à l'authenticité, nous avons dit qu'elle doit être exigée pour les renonciations même extinctives. La loi nouvelle ne peut que nous confirmer dans cette opinion.

La loi du 13 février 1889 a eu pour but de faire cesser toute controverse en ce qui concerne les effets des renonciations en faveur d'acquéreurs des biens soumis à l'hypothèque légale; elle a voulu en indiquer les formes nécessaires, les simplifier et les rendre économiques.

Sur le premier point, le but est atteint : désormais la renonciation vaut purge et rien de plus. La femme conserve son droit de préférence, qu'elle peut ensuite céder soit à l'acquéreur soit à des tiers.

Quant aux formes, plus de doute en ce qui concerne l'authenticité; toute renonciation, et nous avons ajouté toute cession du droit de préférence, y est soumise.

La publicité consiste dans la transcription ou la mention marginale de l'acte contenant renonciation. Mais la loi a le tort considérable d'exiger une inscription pour la cession du droit de préférence à l'acquéreur, et le tort plus considérable encore de distinguer entre le cas où le mari a d'autres immeubles et celui où il n'en a pas. C'est du moins ce qui nous a paru être le mot de l'énigme que le législateur de 1889 propose aux interprètes dans la partie finale du 5° alinéa de la loi.

Outre la mauvaise rédaction de ce paragraphe, nous reprocherons encore au législateur quelques incorrections de langage : la loi dit, par exemple, que la renonciation *emporte extinction* et *vaut purge*, deux choses contradictoires ; elle dit que le consentement de la femme au paiement du prix emporte subrogation à l'*hypothèque légale*, alors qu'il n'y a subrogation qu'au *droit de préférence*.

Ce sont là des détails, il est vrai, et la pensée de la loi se devine sous les expressions impropres ; elles n'en sont pas moins regrettables, car on doit lire clairement le sens de la loi et non le deviner.

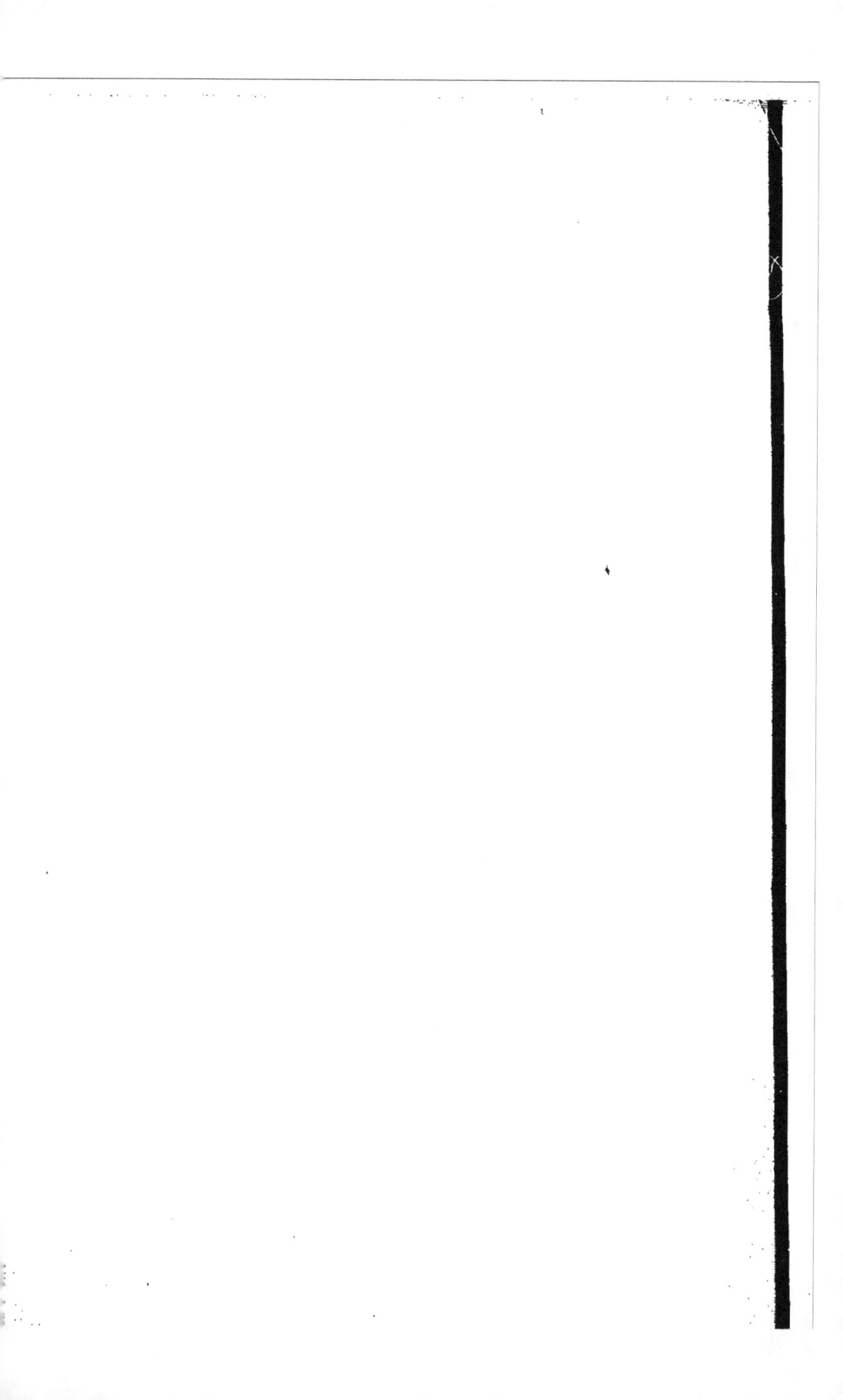

POSITIONS

Droit Romain

I. — Les *res nec mancipi* peuvent être valablement mancipées.

II. — Le caractère distinctif des servitudes rurales et des servitudes urbaines réside uniquement dans la nature du fonds dominant.

III. — Les objets volés ne peuvent être usucapés, même par un possesseur de bonne foi.

IV. — Au temps des *legis actiones*, les actions réelles aboutissaient à des condamnations en nature.

Droit Civil Français

I. — Les travaux nécessaires, d'après l'art. 642, C. civ., pour faire courir la prescription acquisitive d'une source, doivent être exécutés sur le fonds dans lequel jaillit la source.

II. — L'individu pourvu d'un conseil judiciaire ne peut, sans l'assistance de celui-ci, faire une donation par contrat de mariage à son futur conjoint.

III. — L'hypothèque légale, en tant qu'elle garantit le paiement de la pension alimentaire due à la femme par le mari en vertu d'un jugement de séparation de corps, prend rang au jour de la célébration du mariage.

IV. — Le cessionnaire de la créance hypothécaire d'une femme mariée contre le mari doit accomplir à la fois les formalités de l'art. 1690 C. civ. et celles de l'art. 9 de la loi du 23 mars 1855.

Droit Commercial

I. — La femme d'un failli peut valablement cautionner, après la cessation des paiements, un engagement de son mari, et acquérir ainsi une hypothèque légale prenant rang au jour du cautionnement; mais elle ne peut subroger le créancier à cette hypothèque.

II. — La femme d'un failli peut valablement inscrire son hypothèque légale pendant la période suspecte, sans tenir compte du délai de quinzaine de l'art. 448, C. com. et cela alors même qu'une année s'est écoulée depuis la dissolution du mariage.

Droit Pénal

I. — Lorsqu'un plaignant se porte partie civile, le ministère public ne peut refuser de poursuivre.

II. — L'acquittement d'un accusé déclaré non coupable par le jury n'empêche pas qu'il ne puisse être actionné en dommages-intérêts devant la juridiction civile, si le demandeur ne s'est point porté partie civile ou si, l'ayant fait, il n'a été déclaré non recevable en ses conclusions que par le motif qu'elles auraient été prises tardivement.

Vu par le Président de la thèse,
H. MABIRE.

Vu :
Lyon, le 24 février 1892,
Le Doyen,
E. CAILLEMER.

Permis d'imprimer :
Lyon, le 26 Février 1892,
Le Recteur de l'Académie,
E. CHARLES.

TABLE DES MATIÈRES

DROIT ROMAIN

DES RES MANCIPI

DROIT FRANÇAIS

DE LA SUBROGATION
ET DE LA RENONCIATION A L'HYPOTHÈQUE
LÉGALE DES FEMMES MARIÉES

PREMIÈRE PARTIE

DE LA SUBROGATION A L'HYPOTHÈQUE LÉGALE

DEUXIÈME PARTIE

DE LA RENONCIATION A L'HYPOTHÈQUE LÉGALE EN FAVEUR
D'UN ACQUÉREUR D'IMMEUBLES GREVÉS DE CETTE HYPOTHÈQUE

www.ingramcontent.com/pod-product-compliance
Lightning Source LLC
Chambersburg PA
CBHW060539210326
41519CB00014B/3268